法治新疆行

以案说法

（二）

新疆法治报社　编

新疆人民出版社
（新疆少数民族出版基地）

U0502208

图书在版编目（CIP）数据

以案说法 . 二 / 新疆法治报社编 .—— 乌鲁木齐：
新疆人民出版社（新疆少数民族出版基地），2024.11.
（法治新疆行）.——ISBN 978-7-228-21395-5

Ⅰ . D920.5

中国国家版本馆 CIP 数据核字第 2024KR7001 号

法治新疆行
FAZHI XINJIANG XING

以案说法（二）
YI AN SHUO FA(ER)

出 版 人	李翠玲

策　　划	晁　清	责任编辑	晁　清
装帧设计	王　洋	责任技术编辑	邢晓梅

出版发行　新疆人民出版社
　　　　　（新疆少数民族出版基地）

地　　址　乌鲁木齐市解放南路 348 号

邮　　编　830001

电　　话　0991-2825887（总编室）　 0991-2837939（营销发行部）

制　　作　乌鲁木齐捷迅彩艺有限责任公司

印　　刷　新疆天利人印务有限公司

开　　本　880mm×1230mm　 1/32

印　　张　4.75

字　　数　120 千字

版　　次　2024 年 11 月第 1 版

印　　次　2024 年 11 月第 1 次印刷

定　　价　28.00 元

目　录
MULU

物　权

人 格 权

总 则

诉讼时效期间届满，债权人会丧失胜诉权吗?

李济良 / 绘

2015年11月，田某与某设备安装公司签订了材料运输协议，约定田某为该公司运输所需材料。

田某按照协议要求运输，并与该公司结算，双方签订了6份决算清单，确定运输金额为37万余元。

该公司向田某支付17万元和15万元运输费用后，再未支付过运费。

2020年9月22日，田某向该公司发送律师函，催要剩余的5万余元运费，但该公司没有回应，田某遂将该公司诉至法院。

法院审理时，该公司称，该案涉及的运费已全部支付完毕，田某的诉讼请求已超诉讼时效，不应当再支付任何费用。

　　法院针对该案的诉讼时效审查后发现，该公司在2017年1月21日支付部分运费后再未支付，田某从收到最后一笔付款之日，即2017年1月21日起，知道或者应当知道其权利受到损害。因此，该案的诉讼时效至2020年1月21日届满，田某的诉讼主张确实超过了法定诉讼时效。

　　法院认为，田某没有举证证明在法定诉讼时效届满前，存在诉讼时效中断或中止的法定事由，应承担不利后果，故判决驳回田某的诉讼请求。田某不服，提起上诉。

　　二审过程中，田某依旧未能提供其在2017年1月22日至2020年1月21日期间，向该公司主张运费的证据。最终，经法院调解，该公司愿意向田某支付7799元，田某同意接受该笔款项，不再向该公司主张剩余的款项。

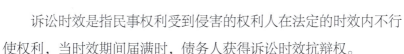

　　诉讼时效是指民事权利受到侵害的权利人在法定的时效内不行使权利，当时效期间届满时，债务人获得诉讼时效抗辩权。

　　诉讼时效制度的设立旨在督促当事人及时行使权利，法律不保护"躺在权利上睡觉的人"。权利人应当牢记诉讼时效期间，及时、有效地行使权利，否则一旦超过诉讼时效，对方提出诉讼时效抗辩，权利人将丧失胜诉权，其实体权利将失去获得法律保护的机会。

　　当事人发现自己合法民事权益受损时，应当及时向对方主张权利。具体方式包括直接向对方送达主张权利的文书、向基层人民调

解组织申请调解、提起诉讼、申请仲裁等，当事人主张权利时，应当注意保存主张权利的证据材料，以免丧失胜诉权。

 法条链接

《中华人民共和国民法典》

第一百八十八条 向人民法院请求保护民事权利的诉讼时效期间为三年。法律另有规定的，依照其规定。

诉讼时效期间自权利人知道或者应当知道权利受到损害以及义务人之日起计算。法律另有规定的，依照其规定。但是，自权利受到损害之日起超过二十年的，人民法院不予保护，有特殊情况的，人民法院可以根据权利人的申请决定延长。

"连带担保人"为何变"连带债务人"？

李济良／绘

　　2016年2月，某银行与洪某、哈某签订小额贷款合同，合同约定由该行向借款人洪某、哈某放款10万元，该合同由吉某、安某、包某、托某承担连带保证责任。

　　2017年2月，贷款到期后，借款人未按期履行还款义务，该行将借款人洪某、担保人吉某和包某诉至法院，请求返还贷款、利息及罚息共计11.69万元。

　　经法官调解，双方当事人达成协议，担保人吉某和包某对上述债务承担连带保证责任。至此，连带担保人吉某和包某身份变为连

带债务人。2019年6月12日，该案进入强制执行阶段，基于连带债务人的连带偿还义务，吉某和包某成为被执行人。执行干警经过了解、查询、核实被执行人财产状况，发现吉某名下有车辆和房产，于是依法进行查封。

车辆被查封对吉某的生产活动造成很大影响，吉某一方面多次催促借款人"赶快想办法，不要辜负大家的信任"，但此时借款人债台高筑，已无力还款；另一方面，吉某向多位法律人士请教案件出路，希望通过法律手段控制损失，但几方打听之后，得到的回复几乎一致——先担责再追偿。吉某为此后悔不已。

最终，吉某分别于2019年8月、2022年4月向该银行履行了还款义务。基于追偿权，吉某向借款人洪某主张债权。

连带担保人和连带债务人的权利义务不同，前者是担保人，后者是债务人，由调解书确立的连带债务人可以被直接作为被执行人。为保障担保人的利益，维护良好的市场信用体系，一般在连带担保执行案件中，首先执行债务人财产，若债务人财产不足，才会执行连带担保人财产。

这样的顺序，可以最大程度保护担保人，反之，如果先执行连带担保人的财产，连带担保人偿还债务后再追偿，实现追偿权具有一定的风险，而且需要付出时间和经济成本。在连带债务中，为保护债权人利益，任何连带债务人都可以被作为被执行人，所以连带债务人负担了更多的信用风险。从执行的视角看，这提高了案件的执行效率，因为可以通过执行多人的财产来偿付债务。

 **法 条 链 接**

《中华人民共和国民法典》

第一百七十八条　二人以上依法承担连带责任的，权利人有权请求部分或者全部连带责任人承担责任。

连带责任人的责任份额根据各自责任大小确定；难以确定责任大小的，平均承担责任。实际承担责任超过自己责任份额的连带责任人，有权向其他连带责任人追偿。

连带责任，由法律规定或者当事人约定。

违背当事人真实意愿签订的合同可以撤销吗？

李济良/绘

　　艾某以养牛繁育为业。一日，阿某联系艾某想买一头怀孕的母牛，艾某便将家里一头母牛以2.5万元的价格卖给了阿某，并向阿某保证，这绝对是一头怀孕的母牛。阿某遂将母牛牵回家。

　　两个月后，阿某发现这头母牛并没有任何怀孕迹象，于是便找来兽医，兽医检查后表示这头母牛没有怀孕。阿某马上联系艾某，却得到"已售出的牛概不退换"的答复。几经沟通未果，阿某将艾某诉至法庭，以对方欺诈为由请求撤销买卖合同。

　　法庭了解案情后认为，阿某虽然没有证据证明艾某存在欺诈的故意，但案件确实存在"重大误解"和"显失公平"等情形。

　　法庭在和双方当事人多次沟通，向其释法说理的同时，邀请专业兽医对母牛重新检查，检查结果是：母牛确实怀过孕，但在三个月左右时流产了。阿某没有发现母牛流产，这才造成和艾某的误会。在法官的调解下，阿某向艾某道歉。但因双方买卖合同系违背当事人的真实意愿而签订，故可以撤销，艾某返还给阿某价款。

　　合同的撤销，是指利益受损害的一方当事人，由于意思表示瑕疵而获得的一种效力形态，其有权请求撤销已经成立且暂时处于有效状态的合同。这里所称的意思表示瑕疵，主要包括欺诈、胁迫、乘人之危、重大误解或显失公平等情形。合同可撤销规则更尊重当事人意愿。

法 条 链 接

　　《中华人民共和国民法典》

　　第一百四十七条　基于重大误解实施的民事法律行为，行为人有权请求人民法院或者仲裁机构予以撤销。

　　第一百五十一条　一方利用对方处于危困状态、缺乏判断能力等情形，致使民事法律行为成立时显失公平的，受损害方有权请求人民法院或者仲裁机构予以撤销。

　　第五百六十三条　当事人一方迟延履行债务或者有其他违约行为致使不能实现合同目的，当事人可以解除合同。

隐瞒事实，虚假陈述，要承担什么后果？

李济良 / 绘

2022年7月，杨某前往法院立案时，没人看出异样。杨某身体状况不佳，说起"妻子"王某20年前离家出走，从此杳无音信的情况时语气悲切。

据杨某陈述，2002年，王某带着部分个人物品忽然离家，杨某前往多地寻找无果。

案件审理过程中，法官发现，杨某没有提供户口簿和结婚证，理由是时间长找不到了。法官调取杨某和王某的相关信息时发现，杨某已在多年前与王某解除了婚姻关系。

"为何要隐瞒你和王某离婚的事实？"面对法官的疑问，杨某坦言，他和王某有一套共同房产，他想把房子卖了，可又找不到王某，于是听信他人的主意，以王某丈夫的名义申请宣告王某死亡。

法庭认为，杨某在申请被申请人宣告死亡一案中，隐瞒事实真相，违反民事诉讼诚实信用原则，对人民法院民事诉讼活动构成了妨害。

训诫的同时，法官向杨某普法：根据《中华人民共和国民法典》相关规定，可以依据法律走正常的申请程序，而不能通过虚假陈述妨害民事诉讼活动。

杨某对自己的行为表示懊悔，并撤回了相关申请。

##

民事诉讼应当遵循诚实信用原则。根据法律规定，在民事案件审理过程中，如果当事人刻意隐瞒案件关键事实或虚构案件事实，妨碍人民法院审理案件，人民法院可以根据情节轻重予以罚款、拘留；构成犯罪的，依法追究刑事责任。

法条链接

《中华人民共和国民法典》

第七条　民事主体从事民事活动，应当遵循诚信原则，秉持诚实，恪守承诺。

第一百四十六条　行为人与相对人以虚假的意思表示实施的民事法律行为无效。以虚假的意思表示隐藏的民事法律行为的效力，依照有关法律规定处理。

谁是我的监护人？

李济良 / 绘

"我和他是父女关系，我是监护人。"

"我才是监护人，我有监护协议。"

2020年10月的一天，王霞（化名）和王露（化名）因为都想做老人王呈（化名）的监护人而发生争执。

王呈与妻子结婚后未生育儿女，王呈的弟弟将女儿王霞过继给王呈夫妇。王霞出嫁后，很少跟王呈夫妇来往。2018年，王呈的妻子去世，之后他一直居住在哥哥家。2019年11月，王呈经司法鉴定患有器质性精神障碍，为限制民事行为能力人。当年12月6

日，王呈在清醒的状态下，与哥哥的女儿王露签订一份意定监护协议，委托王露作为自己的意定监护人。

养女王霞是法定监护人，侄女王露则手持意定监护协议，谁能做王呈的监护人？

法院审理后认为，此案中，在确认"王霞很少跟王呈来往"后，依据民法典认定意定监护协议有效，确定王露为王呈的监护人。

法官说法

对于监护人来说，监护权是一项权利，更是一项义务，设立监护制度的目的是更好地保护被监护人的人身和财产及其他合法权益。意定监护制度，是中国民法法典化过程中监护制度的一个重大突破，主要适用于成年人在全部或者部分丧失行为能力前委托他人在其无判断能力时，照顾其人身或者管理其财产的情形。该制度的建立，不仅尊重了成年人自身的意志，也为成年人在自己身体出现重大问题的情况下，如何进行最有利的财产处置，如何对自己进行救治提供了新的制度机制。

 法条链接

《中华人民共和国民法典》

第三十三条　具有完全民事行为能力的成年人，可以与其近亲属、其他愿意担任监护人的个人或者组织事先协商，以书面形式确定自己的监护人，在自己丧失或者部分丧失民事行为能力时，由该监护人履行监护职责。

监护失当是否应承担法律责任?

李济良／绘

　　石明（化名）精神发育迟滞，为限制民事行为能力人。1993年，他与妻子离婚，婚生女石晶（化名）随妻子生活，他则跟父母一起生活。

　　后来，石明父母的住宅被拆迁，二老去世后，石明获得8万余元补偿款。弟弟石亮（化名）担心哥哥无能力支配这笔钱，向某市残疾人联合会申请做石明的监护人。

　　某市残联发放的残疾人证载明，石亮为石明的监护人。

　　2017年6月29日至2019年4月28日期间，石亮将石明银行卡中的109655元转入自己的银行账户中。

"我爸的钱，你不能转走。"石晶发现后，向石亮讨要。

石亮说："我是他的监护人，我有权管理他的财产。"

为此，石晶向法院提起诉讼，请求确认自己为父亲石明的监护人。2019年10月29日，法院作出民事判决，支持石晶的诉讼请求。

之后，石晶作为石明的代理人诉至法院，请求判决石亮返还109655元，一审法院驳回其诉讼请求。

石明上诉，二审法院查明，石亮作为石明监护人期间，石明花去医疗费、生活费等50997元。二审改判石亮返还石明58658元。

石亮不服，申请再审，被驳回。

法官说法

监护人履行职责时，应当保护被监护人的合法权益。上述案例中，石亮把哥哥的钱转入自己的银行卡，其监护行为显然失当，应当承担法律责任，返还石明相应款项。

监护人的职责包括：保护被监护人的身体健康，照顾被监护人的生活，管理和保护被监护人的财产，代理被监护人进行民事活动，对被监护人进行管理和教育，在被监护人合法权益受到侵害或者与人发生争议时，代理其进行诉讼。

监护权受法律的保护，任何单位和个人都不得非法干涉或侵犯。监护人不履行监护职责或者侵害被监护人的合法权益的，应当承担法律责任。我国已将协议监护与意定监护制度纳入监护体系

中，如果监护人违反协议约定的监护职责，还可能产生违约责任。

《中华人民共和国民法典》

第三十四条 监护人的职责是代理被监护人实施民事法律行为，保护被监护人的人身权利、财产权利以及其他合法权益等。

监护人依法履行监护职责产生的权利，受法律保护。

监护人不履行监护职责或者侵害被监护人合法权益的，应当承担法律责任。

因突发事件等紧急情况，监护人暂时无法履行监护职责，被监护人的生活处于无人照料状态的，被监护人住所地的居民委员会、村民委员会或者民政部门应当为被监护人安排必要的临时生活照料措施。

石友买石后悔，拒绝付款，怎么办？

李济良/绘

　　2020年7月3日，范某欲从阿某处购买一块80公斤的石头，并支付押金1万元。二人约定，如15日内卖掉石头，范某付清货款60万元，反之，则返还石头，押金不退。后来，范某以阿某出售假石为由拒绝支付货款，也未返还石头。

　　2021年12月，阿某将范某诉至人民法院，请求判令范某支付货款60万元。

　　法院经审理认为，范、阿二人的约定属附条件的民事法律行为，石头在15日内未卖出，民事法律行为未生效。2022年4月24

日，法院判决驳回阿某的诉讼请求。

阿某不服，随即上诉至二审法院，请求撤销一审判决，并改判范某支付货款60万元或返还石头。

二审法院认为，依约定，范某在15日内将涉案石头售出后向阿某支付货款60万元。阿某没有证据证明范某将涉案石头售出，因此不予支持阿某要求范某支付货款60万元的主张。阿某要求范某返还涉案石头的主张，属于新增加的诉讼请求，不属于本案审理范围。7月25日，二审法院驳回上诉，维持原判。

本案中，范某、阿某达成的协议系附条件生效的民事法律行为，该法律行为自条件成就时生效。阿某无证据证明范某将涉案石头售出，因此约定的生效条件未成就，阿某要求范某支付货款的主张未获法院支持。另外，石市有风险，投资需谨慎。

 法条链接

《中华人民共和国民法典》

第一百五十八条　民事法律行为可以附条件，但是根据其性质不得附条件的除外。附生效条件的民事法律行为，自条件成就时生效。附解除条件的民事法律行为，自条件成就时失效。

我未养你小，你可以不养我老吗？

李济良／绘

1983年，张某与刘某（女）登记结婚，并生育了儿子张建（化名）和女儿张敏（化名）。张敏出生的次年，二人协议离婚，约定住房由刘某居住使用，兄妹俩由刘某抚养。

由于张某居无定所，无经济来源，日子过得艰难。几年前，他想让两个孩子赡养自己，谁料被兄妹俩果断拒绝。

2023年10月，张某将两个孩子告上法庭，请求法院判决二人每月各支付1500元赡养费。法庭上，兄妹俩拒绝了父亲的要求。

"他才58岁，未丧失劳动能力，可以工作赚钱养活自己。"张敏说。对此，张建也表示赞同。

为了证明自己没有劳动能力，张某提供了医院出具的相关材料，证明自己患有糖尿病、高血压、骨质疏松症等疾病，又提供了户口所在社区出具的情况说明。

法院查实，根据张某提供的病历等证据，能够证明其患有糖尿病、高血压等慢性疾病。此外，张某因腿脚不便，无法长时间工作，无生活来源，一直靠社区及相关部门救济。

根据上述情况，张某存在缺乏劳动能力及生活困难的情况，其成年子女张建、张敏应当给付赡养费，但张某未提供证据证实他已完全丧失劳动能力。从他的实际情况看，其仍在法定劳动年龄内，具备一定的劳动能力。此外，其子女张建、张敏也无固定工作，收入水平不高，还需抚养子女。综合考虑后，法院判决张建和张敏每人每月向父亲支付赡养费500元。

赡养父母是子女的法定义务，不应附加任何条件。抚养不是赡养的前提，赡养人不得以放弃继承权，或者以其他理由拒绝履行赡养义务。至于赡养费需给付多少，应根据父母的实际情况、需要程度、当地物价水平及子女的赡养能力等因素确定。

法条链接

《中华人民共和国民法典》

第二十六条 父母对未成年子女负有抚养、教育和保护的义务。成年子女对父母负有赡养、扶助和保护的义务。

赊购彩票耍赖不还钱，怎么办?

李济良 / 绘

2008年，毛某开了一家彩票代销店，李某经常在该彩票代销店购买彩票。平日里，李某因工作走不开时，就通过电话、微信等方式，委托毛某为其购买彩票。

根据规定，彩票代销者不得以赊销或者信用方式销售彩票。毛某虽然清楚此规定，可为了留住客户，他多次赊账为李某代购彩票。截至追讨欠款前，李某已欠毛某彩票款1.7万余元。

毛某多次向李某催要欠款，但李某都以各种理由拖延。2023年10月，毛某将李某诉至法院，要求李某支付1.7万余元彩票款。

法院审理后认为，原告毛某持有彩票代销证，系合法的彩票代

销者，被告李某自愿在原告处购买彩票，双方建立合法有效的彩票买卖合同关系，依法应当受到法律保护。李某在毛某经营的彩票代销店购买彩票，应当支付相应价款。

法院判定李某支付毛某要求的1.7万余元欠款。

《彩票管理条例》第十八条规定，彩票发行机构、彩票销售机构、彩票代销者不得以赊销或者信用方式销售彩票。毛某的行为的确违反了相关规定，有关部门可据此对其作出相应处罚。

需要注意的是，《彩票管理条例》中的相关规定实质上是规范彩票代销站经营行为的管理性规定，并不是直接针对合同行为、合同内容本身作出的规定，也不是影响合同效力的强制性规定，不能导致销售行为无效。因此，毛某和李某之间的买卖合同关系合法、真实、有效。

 法 条 链 接

《中华人民共和国民法典》

第一百一十九条 依法成立的合同，对当事人具有法律约束力。

第一百四十三条 具备下列条件的民事法律行为有效：（一）行为人具有相应的民事行为能力；（二）意思表示真实；（三）不违反法律、行政法规的强制性规定，不违背公序良俗。

侵权责任

7岁男童骑车撞伤2岁幼童，监护人需担责吗？

李济良／绘

2021年8月的一天，陈某带着2岁的女儿小陈在小区广场玩耍，见女儿和小伙伴们玩得开心，陈某便走到一旁等候。

这时，张某7岁的儿子小张骑着自行车路过，不慎将小陈撞倒，小陈当即头破血流。陈某赶紧带女儿去医院，前后共花费医药费2300余元。事后，陈某夫妇找张某夫妇协商赔偿事宜，但双方未达成一致，陈某夫妇遂将张某夫妇诉至法院。

"女儿受伤我有责任，但事发后被告既不陪我们去医院检查，也不赔偿医疗费，太过分了！"庭审中，陈某气愤地说。

"那天我得知儿子撞了小朋友，赶紧下楼了解情况，我们不是不愿赔偿，是你们说话太难听！"张某反驳道。见双方都愿意承担责任，承办法官尝试调解。经过调解，双方达成调解协议，被告当庭向原告支付1800余元赔偿款，双方握手言和。

法官说法

父母作为未成年子女的监护人，应尽到监护职责，对被监护人的人身和财产进行合法保护。对被监护人给他人造成损害的，监护人应当承担责任，监护人尽到监护职责的，可以减轻其侵权责任。

本案中，陈某若能一直陪在女儿身边，及时发现周围存在的危险，可能就不会发生意外；而张某应该知道在人员密集的小区骑自行车具有一定危险性，如果日常生活中对孩子进行安全教育，避免让其独自骑行，就能防患于未然。

法条链接

《中华人民共和国民法典》

第二十七条 父母是未成年子女的监护人。

第一千一百八十八条 无民事行为能力人、限制民事行为能力人造成他人损害的，由监护人承担侵权责任。监护人尽到监护职责的，可以减轻其侵权责任。

有财产的无民事行为能力人、限制民事行为能力人造成他人损害的，从本人财产中支付赔偿费用；不足部分，由监护人赔偿。

"熊孩子"划伤车辆，家长需赔偿修车费吗？

李济良／绘

好动、爱玩是孩子的天性，可如果孩子的玩乐行为损坏了他人财物，监护人就要承担侵权责任。

2023年9月22日，马某将车辆停放在一个停车场，被肖某的女儿小甲用石块划伤，导致车辆引擎盖车衣、车漆不同程度受损。

肖某与马某商量赔偿事宜，未谈拢。2023年11月，马某将肖某及小甲诉至法院。法院受理该案后，首先联系双方调解。

"我们也意识到孩子行为的不妥，但对方提出的车辆维修费用实在太高了。"肖某不否认小甲的破坏行为，也愿意承担相应责任，但对赔偿金额存在异议。

在调解员的劝说下，双方同意赔偿金以实际维修金额为准。肖某支付马某汽车维修费用5800元。

父母或其他监护人承担对未成年人实施家庭教育的责任，应当用正确的思想、方法和行为教育未成年人养成良好思想、品行和习惯。监护人应注意以下几点：1.教育孩子加强自我保护。监护人要切实履行好监护职责，保护被监护人的合法权益不受损害。2.及时防范纠正"熊孩子"行为。监护人要关注孩子生理、心理状况和情感需求，引导孩子遵纪守法、文明有礼。3.依法正确处理纠纷。监护人要勇于承担责任、主动解决问题。

 法 条 链 接

《中华人民共和国民法典》

第一千一百八十八条　无民事行为能力人、限制民事行为能力人造成他人损害的，由监护人承担侵权责任。监护人尽到监护职责的，可以减轻其侵权责任。

有财产的无民事行为能力人、限制民事行为能力人造成他人损害的，从本人财产中支付赔偿费用；不足部分，由监护人赔偿。

产品存在缺陷，生产者与销售者如何划分责任？

气体有毒

李济良／绘

2010年10月，李某在某商贸公司购买了一台某品牌燃气热水器，销售商家为其上门安装。2013年4月，李某及妻子刘某因一氧化碳中毒在家中死亡，经公安部门现场勘验，明确一氧化碳来源于其使用的燃气热水器。

此后，李某和刘某的继承人将销售燃气热水器的商贸公司诉至法院。法院经审理后作出判决，因该产品无合格的生产许可证，存在产品缺陷等问题，法院判决该商贸公司承担销售者责任，向原告支付赔偿金71万余元。

事后，该商贸公司经营者认为，自己只是某卫厨公司生产的该品牌热水器的经销商，作为经销商无过错，责任应当由生产厂家承担。但某卫厨公司已于2008年注销，张某作为该卫厨公司唯一的股东，公司剩余的债权债务应当由其承担，因此，该商贸公司经营者将张某诉至法院。

法院审理后认为，某卫厨公司作为涉案热水器的生产者，在产品投入销售时存在产品缺陷，导致消费者死亡，因此某卫厨公司对损害发生存在过错，应当承担生产者责任。现该卫厨公司已注销，注销时其提交的清算报告亦载明由张某对债务承担责任，因此张某应当承担侵权责任。

2020年12月，法院依法判决张某赔付商贸公司71万余元。

生产者与销售者应当保证其提供的产品在生产和销售等环节符合保障人身财产安全的要求和相应标准，不存在危及人身和财产安全的不合理危险。本案中，经销商举证证明了其在前案中履行对消费者的赔付义务，因此，他们可向生产厂商追偿。

对消费者而言，购买商品时务必查验商品是否为合格产品；对销售者而言，要充分了解进货渠道及进货凭证，保证销售的产品为合格产品；而生产商在保证自己销售产品质量的同时，如发现可能存在的质量问题，应及时召回产品或者采取其他补救措施防止损失扩大。

《中华人民共和国民法典》

第一千二百零三条　因产品存在缺陷造成他人损害的，被侵权人可以向产品的生产者请求赔偿，也可以向产品的销售者请求赔偿。

产品缺陷由生产者造成的，销售者赔偿后，有权向生产者追偿。因销售者的过错使产品存在缺陷的，生产者赔偿后，有权向销售者追偿。

宠物狗诱发老人脑梗，家属可以索赔吗？

李济良／绘

2021年6月14日，郭某牵着自家的宠物犬在小区遛弯。同一时间，年过六旬的王某也在小区闲逛，看到郭某的狗，王某心生怯意，哪知狗忽然挣脱狗绳，王某因过度惊慌，突发脑梗。

王某住院治疗十多天后痊愈。王某的儿子李某认为，他的母亲在小区遛弯时一切正常，因为被郭某的狗惊吓才诱发脑梗，便到司法所申请调解，要求郭某赔偿其母亲治疗等各项费用3万余元。

郭某同意调解，但他认为自己的狗虽然挣脱了狗绳，但对王某

没追没咬没吠，是王某自己害怕才诱发脑梗，纯属心理原因所致，索要3万余元赔偿是"狮子大开口"。

司法所工作人员调解时强调，郭某的宠物狗确实没有追咬王某，也未直接伤害王某，但王某犯病，宠物狗是诱因，根据民法典相关规定，饲养的动物造成他人损害的，动物饲养人或者管理人应当承担侵权责任。

在司法所工作人员的主持下，双方当事人自愿达成赔偿协议，郭某一次性赔偿王某医疗费、陪护费、住院伙食补助费、营养费、辅助器具费等共计1.1万元。根据调解协议，郭某当日付款给王某，王某及其儿子李某向郭某出具谅解书，双方因本案引发的纠纷就此了结，不再以其他方式追究对方任何责任。

王某在小区正常闲逛，无任何故意或重大过失行为，也未主动挑逗宠物犬。宠物犬挣脱狗绳的行为与王某受惊诱发脑梗的损害结果构成因果关系，因此宠物犬的主人郭某应当承担相应的侵权责任。

《中华人民共和国民法典》

第一千二百四十五条 饲养的动物造成他人损害的，动物饲养人或者管理人应当承担侵权责任；但是，能够证明损害是因被侵权人故意或者重大过失造成的，可以不承担或者减轻责任。

　　第一千二百四十六条　违反管理规定，未对动物采取安全措施造成他人损害的，动物饲养人或者管理人应当承担侵权责任；但是，能够证明损害是因被侵权人故意造成的，可以减轻责任。

　　第一千二百五十一条　饲养动物应当遵守法律法规，尊重社会公德，不得妨碍他人生活。

串门被狗咬伤，责任如何划分？

李济良／绘

2021年5月，居民热某来到儿子家，顺便去儿子的邻居史某家串门。

史某喜欢养狗，不想，爱犬突然扑向热某并将其咬伤。史某立即陪同热某赶到医院处理伤口，之后，热某注射了狂犬疫苗。

一段时间后，热某向史某讨要医疗费用，双方就损失该由谁承担这一问题未达成一致，热某遂将史某诉至当地法院。

受理该案后，法官积极组织调解。

"我之所以被狗咬伤，都是因为他没有把狗拴好。"热某十分委屈。

"是他自愿来我家，他就不应该随便串门。"史某辩称。

见状，法官情法并用，耐心讲解饲养动物致人损害的法律规定，以及需要赔偿的范围等，奉劝两人互谅互让，和平解决纠纷。

最终，史某与热某达成调解协议，史某当庭赔偿热某各项损失计2400余元。

根据《中华人民共和国民法典》规定，动物由人饲养和管理，饲养人或者管理人有责任采取管束措施，否则伤人应担责。如果史某能够证明热某被咬伤是由热某挑逗狗或者其他重大过失造成的，可以减轻或不承担责任。但若因史某未尽安全保障义务致使热某被咬伤，则要承担侵权责任。

 法条链接

《中华人民共和国民法典》

第一千二百四十五条 饲养的动物造成他人损害的，动物饲养人或者管理人应当承担侵权责任；但是，能够证明损害是因被侵权人故意或者重大过失造成的，可以不承担或者减轻责任。

第一千二百四十六条 违反管理规定，未对动物采取安全措施造成他人损害的，动物饲养人或者管理人应当承担侵权责任；但是，能够证明损害是因被侵权人故意造成的，可以减轻责任。

打官司产生的交通费谁承担？

李济良/绘

"法官，我主张的3000元交通费，你怎么没有支持？这几年，为了讨要工资，我花了不少路费呢！"原告张某在法院领取判决书后并没有直接离开，对法院不支持赔付交通费表示不解。

"庭审中，你提供欠条作为证据，欠条约定被告按期向你支付工资，所以法院支持了这部分诉讼请求。但你们之间并没有约定交通费事宜，所以法院没有支持。"承办法官当庭向张某作了解释，张某听后恍然大悟。

法官说法

如果双方在借条、欠条或其他债权凭证中约定，债权人因索款而产生的交通费由债务人承担，那么债权人向法院起诉时，有权向债务人主张交通费，法院会根据债权人提交的汽车票、火车票、机票等票据，结合实际情况，在合理范围内予以支持。

 法条链接

《中华人民共和国民法典》

第五百零九条　当事人应当按照约定全面履行自己的义务。

打球造成门牙松动，自甘风险要不要赔？

李济良/绘

2019年6月的一天，史某、李某与朋友一同在篮球场打球。

史某与李某原本并不认识，在打篮球过程中，李某与史某等人发生碰撞，导致史某牙齿松动，血流不止。

史某当即被送往医院治疗，医生检查发现，史某4颗门牙松动脱离牙龈，需要进行植牙手术，但李某拒绝承担治疗费用。无奈之下，史某只得自行支付医疗费4万余元，陆续进行种植修复手术。

"如果不是李某用手肘撞到我，就不会这样了。李某的行为给我的生活造成了很大的影响，李某应当承担相应的法律责任。"2020年1月，史某将李某诉至法院。

"篮球比赛运动属于强烈对抗体育运动，史某作为完全民事行为能力人，对此应有足够认识，史某受伤是由他的队友犯规所致，我对史某的受伤不具有重大过错或过失，不应承担责任。"李某说。

法院经审理认为，原告史某作为完全民事行为能力人，对此应有足够的认识，其自愿参加篮球比赛，应视为自愿承担此运动过程中的合理风险。本案中，史某没有证据证明李某对其受伤具有故意或者重大过失，遂驳回原告史某全部诉讼请求。

法官说法

《中华人民共和国民法典》的《侵权责任编》中新增的"自甘风险"原则体现了尊重个体自由、合理分配风险责任的理念，有利于促进全民理性、积极地参加文体活动，提高活动效率和质量。

因此，参加活动前，一定要充分了解此项活动的形式和特点，并全面考察活动组织者的安全保障能力，且结合自身身体情况，合理预估活动风险，最终决定是否参加此项活动。在活动中应增强自我保护意识，妥善采取安全保护措施，避免危险的发生。

法 条 链 接

《中华人民共和国民法典》

第一千一百七十六条　自愿参加具有一定风险的文体活动，因其他参加者的行为受到损害的，受害人不得请求其他参加者承担侵权责任；但是，其他参加者对损害的发生有故意或者重大过失的除外。

提供劳务受伤，责任如何划分？

李济良／绘

　　2021年9月，老板王某承揽了给某住宅地下室安装玻璃房顶的工程。王某雇了阿某等人安装玻璃，约定日工资200元。王某带着阿某等人安装玻璃时，在地下室搭了一个距离地面一米多的架子，在无防护措施的情况下，阿某站在架子上等待工友递玻璃时不慎坠落摔伤致骨折，后经伤情鉴定构成十级伤残。阿某住院治疗期间，王某先后垫付医疗费共计4.1万元。就赔偿事宜，阿某与王某未协商一致，2022年7月，阿某将王某诉至法院，要求王某赔付伤残赔偿金、误工费、护理费等总计15万元。

庭审中，王某称阿某应该承担主要责任，是其不听劝，踏空摔伤，在其住院期间，自己垫付了医疗费用，已经尽到了相应的责任。

法院审理后认为，王某雇用阿某从事安装玻璃的工作，在工作过程中未做好安全防护措施，虽然王某辩称阿某坠落受伤是阿某自身原因造成的，但并未提供有效证据予以证明，故王某作为接受劳务一方应承担80%的主要责任。而阿某作为完全民事行为能力人，在从事劳务工作时并未尽到安全注意义务，对其损害结果应承担20%的责任。根据阿某的伤残等级等情况，认定阿某的各项损失合计11万元，王某承担80%的赔偿责任，即8.8万元，扣除垫付的4.1万元，应再赔付4.7万元。

通常而言，提供劳务者的过错主要指劳务过程中未尽到安全注意义务，即对安全事故的防范注意低于一般人所应达到的程度，如未取得从业资质而从事特种作业、作业时未遵守安全操作规范、未正确采取安全措施、明知存在安全隐患仍然进行相关操作等。本案中，为施工方便，王某搭建了一个距离地面一米多的架子，他应为在架子上的施工人员采取必要的防护措施。

 法条链接

《中华人民共和国民法典》
第一千一百九十二条 个人之间形成劳务关系，提供劳务

一方因劳务造成他人损害的，由接受劳务一方承担侵权责任。接受劳务一方承担侵权责任后，可以向有故意或者重大过失的提供劳务一方追偿。提供劳务一方因劳务受到损害的，根据双方各自的过错承担相应的责任。

提供劳务期间，因第三人的行为造成提供劳务一方损害的，提供劳务一方有权请求第三人承担侵权责任，也有权请求接受劳务一方给予补偿。接受劳务一方补偿后，可以向第三人追偿。

高空抛物伤人，如何维护"头顶上的安全"？

李济良／绘

　　2017年3月22日，阿某经过某单位厂房时，被厂房楼上抛掷的物品砸伤，后阿某被送往医院住院治疗27天。阿某出院后，与该单位协商补偿事宜无果，将该单位告上法庭。

　　法院审理此案后，结合当事人有关事发地点、环境等陈述，推定厂房在事发时处于搬迁状态，进而推定砸伤阿某的物品系搬迁人员抛掷，但现有证据无法确定具体侵权人。依据相关规定，理应由事发时参与现场搬迁工作的全体人员对阿某承担补偿责任，但鉴于抛掷行为是在搬迁人员为该单位执行工作任务过程中发生，故该补

偿责任由该单位替代承担。

法院判决该单位补偿阿某医疗费、误工费等经济损失。

公民的健康权受法律保护，应强烈谴责致害人的抛掷行为，该行为不仅是不文明的行为，同时可能构成犯罪。从建筑物中抛掷物品或者从建筑物上坠落的物品造成他人损害，难以确定具体侵权人的，除能够证明自己不是侵权人的外，由可能加害的建筑物使用人给予补偿。对无辜的受害人予以保护，由可能成为致害人范围内的民事主体对损害进行合理分配，是一种特殊情形下合理分摊风险的手段和方法，属于对弱者的特殊保护。

 法 条 链 接

《中华人民共和国民法典》

第一千二百五十四条 禁止从建筑物中抛掷物品。从建筑物中抛掷物品或者从建筑物上坠落的物品造成他人损害的，由侵权人依法承担侵权责任；经调查难以确定具体侵权人的，除能够证明自己不是侵权人的外，由可能加害的建筑物使用人给予补偿。可能加害的建筑物使用人补偿后，有权向侵权人追偿。

物业服务企业等建筑物管理人应当采取必要的安全保障措施防止前款规定情形的发生；未采取必要的安全保障措施的，应当依法承担未履行安全保障义务的侵权责任。

好意送友回家出事故，谁来担责？

李济良/绘

2020年4月，李某与朋友阿某、马某一起聚餐。结束后，李某出于好意无偿将阿某、马某送回家。在某路口向西100米路段处，李某驾驶车辆与对面驶来的货车发生碰撞，造成道路交通事故，李某、马某以及货车司机武某均受伤，双方车辆受损。

经交警部门认定，武某承担事故主要责任，李某承担次要责任，阿某、马某在事故中无责。马某因此次交通事故致脾脏破裂需进行脾脏切除术，经鉴定，伤残等级为八级，马某各项损失为25.8万余元。因武某驾驶的货车未购买机动车交通事故责任强制保

险，马某将李某、武某诉至法院，要求二人赔偿各项损失共计28万余元。

武某未购买交强险及商业险，但同意在该保险范围内先行承担责任。由武某在交强险范围内承担11.5万元，剩余部分武某承担70%的主要责任，李某承担30%的次要责任。

本案中，因李某、阿某、马某三人出门聚餐，驾驶人李某未收取任何费用，并允许乘车人搭乘其驾驶的机动车，将朋友送回家，李某的行为符合人之常情，是一种情谊行为，符合好意同乘的法律特征，应适当减轻驾驶人的责任。因此，法院依法减轻了李某的赔偿责任，最终由李某承担20%的赔偿责任，马某自负10%的责任。

法官说法

公民的生命健康权受法律保护。侵害他人身体造成伤害的，依法应承担相应的责任。好意同乘值得提倡和鼓励，但驾驶人在驾驶过程中应秉持审慎的注意义务，遵守交通管理法规规范行驶，以保障乘车人的生命健康安全。

 法条链接

《中华人民共和国民法典》

第一千二百一十七条　非营运机动车发生交通事故造成无偿搭乘人损害，属于该机动车一方责任的，应当减轻其赔偿责任，但是机动车使用人有故意或者重大过失的除外。

滑雪撞伤他人，责任谁承担？

李济良/绘

2019年12月底的一天，冯某和朋友到某滑雪场滑雪，恰逢王某也来到同一滑雪场游玩。冯某在中级雪道用单板滑行时，被使用双板滑行的王某撞伤，致右锁骨骨折、右侧第二肋骨骨折、右侧胸腔积液、左踝关节腔积液、全身多处软组织损伤。事后，他被送往医院治疗。出院后，冯某就责任划分、赔偿问题与王某进行协商，但未果。他将王某诉至法院。

庭审中，王某表示，双方的确在滑雪过程中发生碰撞，但冯某所说在滑雪场中级雪道正常滑行不属实，自己的滑行方式与滑行路线都是正常的，而冯某是由左向右高速横穿滑行。王某认为，冯某

未对其他滑雪者的靠近和冲撞保持警惕，其自身也存在过错。

法院审理后认为，被告王某使用双板直线滑行，相较于原告的单板"S"形线路下滑距离较短，且速度较快，其在滑行过程中，将前方滑行的原告冯某碰撞致伤，系其未尽到高度注意义务、未能及时采取有效避让措施所致，其行为与原告的人身损害后果之间存在直接因果关系，其作为侵权人应当对原告的合理损失承担主要赔偿责任。据此，原告冯某对其自身损害后果也存在一定过错，应承担次要责任。法院认为，双方应按王某80%、冯某20%的比例承担责任，最终判决王某赔偿冯某各项费用共计2万余元。

过错责任原则，是指以行为人的过错为依据，判断行为人对其造成的损害应否承担侵权责任的归责原则。在过错责任原则中，通常由受害人证明行为人是否有过错，但在一些情况下也适用过错推定。所谓过错推定，是指根据法律规定推定行为人有过错，行为人不能证明自己没有过错的，应当承担侵权责任。

法条链接

《中华人民共和国民法典》

第一千一百六十五条　行为人因过错侵害他人民事权益造成损害的，应当承担侵权责任。

老人逛超市摔伤，自己需担责吗？

李济良 / 绘

2019年5月，69岁的章某到某超市购物。章某与朋友相谈甚欢，准备下扶梯时，因地面湿滑而摔倒。

事发后，章某被送医救治，医院诊断为左踝关节骨折，前后花费医疗费4.8万余元。在章某住院治疗期间，某超市所属公司先行垫付7000余元费用。

出院后，章某多次跟某超市所属公司协商赔偿事宜，均未达成一致，最后双方对簿公堂。

庭审中，章某认为，超市未尽到安全保障义务，应承担全部责

任。某超市所属公司则认为，章某未尽到注意义务，应自行承担后果。

根据事发后某超市所属辖区应急管理部门工作人员询问笔录，某超市所属公司未建立专项摔伤事故应急救援预案。事故发生前，事发扶梯两侧未粘贴防滑标识，仅有"禁止逆行"等标识。该应急管理部门针对章某在某超市摔伤事件也对超市所属公司进行了行政处罚。

法院审理后认为，本案中，某超市属于经营场所，不管章某在被告超市是否消费，章某摔伤事故发生在被告处。根据庭审查明，可以认定某超市在事发前未采取防滑措施，也未作出必要的提示，因此对章某的受伤应承担主要责任。至于章某，事发时已69岁，独自一人乘坐扶梯本身存在危险，且事发时章某与旁人交谈，本身未尽到注意义务，因此对此事故承担次要责任。

最终，法院判定，原告章某自负30%的次要责任，被告某超市所属公司承担70%的主要责任。针对章某的各项损失，法院重新认定，依法判决某超市所属公司赔偿章某医药费2.6万余元。

商超作为公共场所，有责任为顾客提供一个安全的购物环境。商超经营者应以此案为鉴，增强安全保障意识，对存在缺陷、可能引发危险的设施设备应在显著位置进行警示，并提供安全防护措施。亦应当定期检查常用设施设备，对有安全隐患之处及时维护、修理，以保障消费者的安全。

同时，为了自身的人身财产安全，消费者也应尽到基本的出行安全注意义务。尤其是老人和儿童，出行中应尽量有人陪同，否则对自身造成的损害后果也应当根据过错比例，承担相应的责任。

 法 条 链 接

　　《中华人民共和国民法典》

　　第一千一百九十八条　宾馆、商场、银行、车站、机场、体育场馆、娱乐场所等经营场所、公共场所的经营者、管理者或者群众性活动的组织者，未尽到安全保障义务，造成他人损害的，应当承担侵权责任。

　　因第三人的行为造成他人损害的，由第三人承担侵权责任；经营者、管理者或者组织者未尽到安全保障义务的，承担相应的补充责任。经营者、管理者或者组织者承担补充责任后，可以向第三人追偿。

男子酒后身亡，为何被判担主责？

李济良／绘

2021年5月的一天，黄某受好友孙某电话邀约，带另一名好友高某赴宴，共同参加饭局的还有刘某等5人。8人相谈甚欢，席间无人劝酒。高某喝多后趴在桌上睡着了，次日零时散场，同桌人叫醒高某，几人各自回家。醉酒状态的高某独自乘车回家前来到一家推拿馆，在推拿醒酒时猝死。

事后，高某家属认为，高某的死与一同饮酒的人以及推拿馆均有直接因果关系，遂诉至法院，要求他们共同承担73万余元赔偿责任。

法庭调查发现，有视频证据显示，刘某等7人与高某在饭局中共同饮酒，其间高某出现醉酒后的不适症状，但直至饭局结束，同桌7人并无人询问，也未提醒其就医，任由其自行打车离去。

法院认为，作为完全民事行为能力人，高某应结合身体状况避免过量饮酒，其未对自身健康尽到注意义务，应自行承担主要责任；同桌7人明知高某醉酒身体不适，却疏忽大意，没有充分、全面、及时履行基于共同饮酒行为而应承担的照顾、护送等注意义务，致惨剧发生，应承担部分民事赔偿责任；作为公共经营场所，推拿馆经营者在接待醉酒顾客时，没有告知酒后按摩的风险，未对顾客作出有利引导，未尽到安全提示义务，也应承担相应责任。

最终，法院依法作出判决：高某承担85%的责任，与高某同桌饮酒的7人承担10%的责任，推拿馆承担5%的责任。

个人酒量和身体状况，只有饮酒者自己最清楚，因此共同饮酒行为引发的赔偿案件中，一般情况下应由发生人身损害的饮酒人自负主要责任。

但如果有强迫性劝酒、酒后驾车时同饮者没有加以劝阻而发生意外、未对醉酒者履行监护义务等情况，酒友也应承担相应赔偿责任。

《中华人民共和国民法典》

第一千一百七十二条 二人以上分别实施侵权行为造成同一损害，能够确定责任大小的，各自承担相应的责任；难以确

定责任大小的，平均承担责任。

第一千一百七十三条 被侵权人对同一损害的发生或者扩大有过错的，可以减轻侵权人的责任。

第一千一百八十一条 被侵权人死亡的，其近亲属有权请求侵权人承担侵权责任。被侵权人为组织，该组织分立、合并的，承继权利的组织有权请求侵权人承担侵权责任。

被侵权人死亡的，支付被侵权人医疗费、丧葬费等合理费用的人有权请求侵权人赔偿费用，但是侵权人已经支付该费用的除外。

男子酒后意外身亡，"同桌的你"要担责吗？

李济良 / 绘

2021年10月9日晚，王某邀请3名好友聚餐，4人喝了两斤白酒。其间，王某离席，驾车行驶至当地郊区养殖区，车辆掉头时右后车轮陷入青储池边。王某下车查看，不慎跌入2.5米深的青储池内身亡。

事后，王某的家属认为如果同桌饮酒的3人能规劝王某，悲剧就不会发生，3人应该对王某的死亡负责。但3人认为，聚餐是王某主动邀请的，当晚大家并未过度劝酒、拼酒，王某离开时一切正常，他们次日才知道王某发生了意外。

双方对赔偿事宜产生分歧，司法所介入后，安排调解员调解。

调解员经了解核实，王某与共同饮酒的3人是好友，当晚确实没有劝酒、拼酒。调解员调解期间查明，王某作为完全民事行为能力人，可以独立实施民事法律行为，其明知酒后开车可能导致不良后果，依然私自驾车出行，其本人应承担全部责任。考虑到3人系王某好友，本着人道主义原则，3人自愿一次性补偿王某的家属17万元。随后，双方签订了补偿协议。

就此次纠纷来说，归责原则为过错责任原则。行为人存在过错的，需要根据自身的过错程度承担一定的赔偿责任。现实中，判断共饮者是否存在侵权行为，共饮者的过错通常指以下4种情形：一是酒宴上过度劝酒，甚至拼酒；二是在同饮者醉酒而处于危险状态下，没有及时送医治疗；三是酒宴结束后，没有将醉酒者妥善安全送回家；四是对同饮者酒后驾车离开的行为，没有有效提醒及劝阻。

 法条链接

《中华人民共和国民法典》

第一千一百六十五条　行为人因过错侵害他人民事权益造成损害的，应当承担侵权责任。

第一千一百七十三条　被侵权人对同一损害的发生或者扩大有过错的，可以减轻侵权人的责任。

自行加入聚餐后饮酒猝死，同桌担不担责？

李济良／绘

　　韩某与刘某、李某、赵某、王某、白某是同事。2021年12月的一天，刘某、李某、赵某、王某、白某相约聚餐，韩某得知后自行加入。聚餐结束时，韩某喝醉了，赵某、王某将他送回单位宿舍休息，王某留下照看。其间，韩某多次呕吐，都由王某处理。次日零时55分，王某发现韩某没有了呼吸，赶紧拨打急救电话。医生赶到现场救治韩某，但未能成功，韩某死亡。

　　事后，韩某的父母将刘某等5人诉至法院。他们认为，韩某是和同事聚餐饮酒后死亡，刘某等5人未尽到同桌饮酒人的合理注意

义务，对韩某的死亡有过错，应当承担相应的赔偿责任，要求5人赔偿损失41万元。

刘某等5人认为，韩某作为完全民事行为能力人，应当自行控制饮酒，他们也尽到了适当的酒后照顾义务及安全注意义务，不存在过错，不应承担赔偿责任。

法院审理后认为，席间，刘某等5人未向韩某恶意劝酒和强行灌酒，聚餐结束后又将其送至宿舍并照顾，不存在过错或重大过失，无须承担民事责任。依据《中华人民共和国民法典》相关规定，该院依法驳回了韩某父母的诉讼请求。

聚餐是人们在生活中交往交流常见的社交方式，是一种情谊行为，餐桌上的饮酒行为属于正常的社交现象，参与者所承担的只是一般社交安全义务，只要尽到一般社交安全义务，则无须担责。

 法 条 链 接

《中华人民共和国民法典》

第一千一百六十五条 行为人因过错侵害他人民事权益造成损害的，应当承担侵权责任。

第一千一百七十六条 自愿参加具有一定风险的文体活动，因其他参加者的行为受到损害的，受害人不得请求其他参加者承担侵权责任；但是，其他参加者对损害的发生有故意或者重大过失的除外。

三人先后拾得他人遗失物后丢弃，
为何承担的责任不一致？

李济良／绘

　　瑶瑶（化名）在文化宫附近玩耍时丢失了电话手表，与母亲李女士到派出所报案。民警查看公共视频，未发现有价值线索。

　　因瑶瑶的电话手表与其家中电脑联网，几天后，电脑界面弹出一张电话手表抓拍的人脸图。李女士立即将该信息反馈给办案民警。经侦查，民警锁定了吕某、王某、张某。

　　原来，当日，吕某在文化宫附近捡到瑶瑶的电话手表，她折腾半天没能解锁，便顺手给了王某。王某捣饬了好一阵子也没能解锁，以为是坏的，就扔进了垃圾桶。清洁工张某清理垃圾时发现该

电话手表，并在持有两天后再次将其丢弃。后涉案电话手表灭失。

得知电话手表已无法找回，且3名拾得人都不愿意赔偿后，瑶瑶的法定监护人李女士将3人诉至法院，要求赔偿损失。

法院审理后认为，拾得遗失物，应当返还权利人或者送交公安等有关部门。被告吕某、王某在拾得遗失物后，未妥善保管致使遗失物毁损，应承担赔偿责任；被告张某在垃圾桶里拾得涉案电话手表后再次丢弃，根据社会公众一般认知，处于垃圾桶内的物品为丢弃物，其主观上并无过错，不应承担责任。法院判决吕某、王某一共折价赔偿瑶瑶200元。

在拾得遗失物前，法律并未要求他人必须拾得的义务，但在其拾得并占有遗失物时，就选择了承担法律规定的拾得人应负的妥善保管并返还遗失物的义务，并因此享有向遗失物权利人主张支付必要费用的权利。

《中华人民共和国民法典》

第三百一十四条　拾得遗失物，应当返还权利人。拾得人应当及时通知权利人领取，或者送交公安等有关部门。

第三百一十六条　拾得人在遗失物送交有关部门前，有关部门在遗失物被领取前，应当妥善保管遗失物。因故意或者重大过失致使遗失物毁损、灭失的，应当承担民事责任。

食客就餐时摔伤致死，餐厅应赔偿吗？

李济良/绘

2020年7月14日，程某和朋友在某火锅店聚餐。其间，程某在盥洗室内摔倒。火锅店两名工作人员将其搀扶至包厢门口，其中一名工作人员离开时，程某再次摔倒，且头部撞击地面。次日凌晨，程某被送往医院救治。7月25日，程某因脑疝抢救无效死亡。

2021年1月15日，程某亲属以火锅店未尽到经营场所的安全保障义务导致程某受伤死亡为由，诉至法院，称程某死亡造成的各项损失合计84万元，要求火锅店对程某死亡承担50%的责任，赔偿42万元。

3月11日，法院依法判决火锅店对程某的死亡承担30%的责

任，向程某亲属赔偿25万余元。

火锅店不服判决，提起上诉。

二审法院审理后认为，该案中，程某在火锅店就餐期间摔倒，火锅店工作人员发现后对程某进行了救助，但因救助方法不当，未能积极履行危险消除义务，存在过错。火锅店属公共场所，对其就餐人员未尽到安全保障义务致程某脑部遭受损害，程某的死亡与其脑部受损有直接因果关系，火锅店对程某的死亡应当承担直接责任。二审法院驳回火锅店的上诉请求，维持一审判决。

顾客在饭馆就餐时摔伤，应由饭馆承担赔偿责任，但饭馆已经尽到安全保障义务的，可以减轻或不承担侵权责任。

法 条 链 接

《中华人民共和国民法典》

第一千一百九十八条 宾馆、商场、银行、车站、机场、体育场馆、娱乐场所等经营场所、公共场所的经营者、管理者或者群众性活动的组织者，未尽到安全保障义务，造成他人损害的，应当承担侵权责任。

因第三人的行为造成他人损害的，由第三人承担侵权责任；经营者、管理者或者组织者未尽到安全保障义务的，承担相应的补充责任。经营者、管理者或者组织者承担补充责任后，可以向第三人追偿。

消费者就餐时意外摔倒受伤，责任如何划分？

李济良/绘

　　付某和朋友在某火锅店吃饭时意外摔倒。经诊断，付某右侧尺骨鹰嘴骨折、右侧上臂尺神经损害、右肘关节活动障碍、生活自理能力障碍。治疗过程共产生医疗费等20万余元。付某与火锅店多次协商赔偿事宜，但火锅店坚持认为自己没有责任，拒绝赔偿。付某遂将火锅店老板魏某诉至法院，要求魏某承担医疗费等20万余元，并支付1万元精神抚慰金。

　　双方协商期间，魏某曾向原告出具一份证明，证明付某在火锅店吃饭时跑步摔倒，导致其左肘关节粉碎性骨折，店内有公共视频

记录为证。魏某出于人道主义关怀，已经替付某支付部分医疗费。且火锅店有购买意外伤害险，已将原告的医疗费票据交给保险公司，但因原告材料不全，保险公司拒绝理赔。现火锅店停止经营，公共视频也没有保存。

法院审理后认为，原告付某作为成年人，具有完全民事行为能力，但其未尽到谨慎的注意义务，应承担主要责任。火锅店未对顾客在就餐时跑步存在的风险及时予以提醒和告知，服务上存在一定瑕疵，应承担次要责任。法院判决原告承担80%的责任，被告承担20%的赔偿责任。被告魏某赔偿付某医疗费、误工费、陪护费、住院伙食补助费共4万余元，驳回付某要求精神抚慰金的诉讼请求。

魏某作为餐厅经营者，应该在经营过程中充分履行安全保障义务，同时，在合理限度内确保消费者的人身安全，避免因设施、管理、服务瑕疵而引发人身伤害。应当将现场的公共视频及时保存，并向法院出具已尽安全保障义务的证据。

 法 条 链 接

《中华人民共和国民法典》

第一千一百九十八条　宾馆、商场、银行、车站、机场、体育场馆、娱乐场所等经营场所、公共场所的经营者、管理者或者群众性活动的组织者，未尽到安全保障义务，造成他人损害的，应当承担侵权责任。

树从"天"降砸中车辆，责任谁承担？

李济良 / 绘

郭某驾车行驶至312国道某路段时，一棵树从"天"而降，砸中其车辆引擎盖和天窗，所幸未造成人员受伤。

郭某下车检查时发现，胥某正在路边砍伐树木。郭某急忙报警，在民警的见证下，两人达成口头协议：由郭某将车辆送至4S店维修，胥某支付修理费。

然而，当郭某将维修价格告知胥某时，胥某认为报价过高，拒绝赔偿，之后不接电话，事情陷入僵局。

无奈之下，郭某到人民调解中心申请调解。人民调解员联系胥某后了解到，胥某不肯赔偿的原因，一是认为事发时，郭某行车视

线良好，原则上可以避开倒下的树木；二是郭某将车身原有的剐蹭也算到维修范围内，导致维修价格过高。"我只赔偿维修引擎盖的费用，其他的不赔。"胥某表示。

对此，人民调解员分别教育两人，胥某伐树期间没有设立警示标志，又无法证明自己没有过错，应当按照实际造成的损失赔偿。郭某作为成年人，开车时应注意周围环境变化，谨慎驾驶。最终，两人达成和解，胥某赔偿郭某修车费1800元。

法官说法

行为人因过错侵害他人民事权益造成损害的，应当承担侵权责任。胥某伐树期间未设立警示标志，造成树砸毁车辆，应当由行为人胥某赔偿。车主有过错的，承担相应的补充责任。

法条链接

《中华人民共和国民法典》

第一千二百五十七条 因林木折断、倾倒或者果实坠落等造成他人损害，林木的所有人或者管理人不能证明自己没有过错的，应当承担侵权责任。

第一千二百五十八条 在公共场所或者道路上挖掘、修缮安装地下设施等造成他人损害，施工人不能证明已经设置明显标志和采取安全措施的，应当承担侵权责任。

窨井等地下设施造成他人损害，管理人不能证明尽到管理职责的，应当承担侵权责任。

学生体育课上受伤，学校需担责吗？

学校赔偿各项损失？

李济良 / 绘

2018年11月的一天，王某上体育课时，未经老师许可，擅自吊单杠摔伤，致手骨骨折。随后，王某被送往医院住院治疗，花费1万余元。后经法医鉴定，王某的伤残等级为十级。王某父母因各项损失赔偿问题与学校协商无果，遂将学校诉至法院。

法院审理后认为，本案中，王某发生事故时已年满14周岁，虽为限制民事行为能力人，但在上体育课时，其对于擅自吊单杠的危险行为导致的严重后果应具备辨知能力，因此王某应自负部分责任。

学校未提供直接证据证明上课时老师对王某的危险行为进行了及时制止，不能证明学校尽到教育、管理职责。因此，学校也应承担部分责任。

综合事情发生的经过和各方的过错情况，王某和学校达成调解协议：学校一次性赔偿王某医疗费、护理费、营养费等各项损失共计4万元。

法官说法

8周岁以上、不满18周岁的限制民事行为能力人自愿参加具有一定风险的文体活动造成伤害的，学校如果没有尽到教育、管理职责，应当承担侵权责任，如果尽到了教育、管理职责，则不承担责任。行为人应依法承担与其年龄、智力、行为能力相适应的责任，管理方未尽到安全管理职责的，应依法承担民事赔偿责任，以督促其更好地依法履行主体职责。

 法 条 链 接

《中华人民共和国民法典》

第一千二百条 限制民事行为能力人在学校或者其他教育机构学习、生活期间受到人身损害，学校或者其他教育机构未尽到教育、管理职责的，应当承担侵权责任。

小学生玩游戏受伤，家长、学校的责任如何划分？

李济良 / 绘

2022年6月6日，小学生小张和小李在课间休息时找到同学小胡一起玩"死亡游戏"。小胡按照游戏规则，蹲下大口呼吸，等15秒左右站起来憋气，小张双手用力按压小胡胸部，小李的手压在小张的手上。游戏结束后，小胡表示没有不良反应。3人再次玩耍，小胡被小张按压后摔倒，头磕在地上，大哭起来。

班主任闻讯赶到，立即打电话通知小胡的母亲赶紧送小胡去医院检查。

经医院诊断，小胡右侧顶枕部硬膜外血肿、顶枕骨骨折、头皮

血肿。2023年5月24日，小胡的伤情经鉴定为伤残十级。

小胡的家长要求小张、小李和学校共同赔偿医药费、护理费和残疾赔偿金等共计12.98万元。后因责任承担和赔偿费用问题协商未果，小胡的家长将小张、小李及其监护人和学校诉至法院。

法院审理后认为，此案系限制民事行为能力人在学校学习、生活期间受到人身损害发生的纠纷。小张、小李与小胡三人进行两次游戏，第一次是小张和小李共同按压，第二次是小张单独按压，两人的行为导致小胡受伤，应承担赔偿责任。

针对学校是否应当承担责任问题，法院认为，学校虽然提醒过学生不要做危险游戏，但并未严格落实。事故发生后，校医并未第一时间到场处理，也未在第一时间将小胡送医就诊，学校未完全尽到教育管理责任，故学校也应承担相应责任。

法院根据各方当事人责任的大小，酌定小张及其监护人、小李及其监护人和学校承担的责任比例为45%、20%、15%。小胡是限制民事行为能力人，有一定的认知能力，在没人强迫的情况下，主动参与游戏并配合，亦有过错，小胡及其监护人应当自行承担20%的责任。

法院判决小张、小李及其监护人和学校赔偿小胡医疗费、护理费、残疾赔偿金等共计10万余元。

限制民事行为能力人心智不成熟，自我保护能力较弱，在学校或其他教育机构学习生活期间，脱离监护人管理和保护范围，所以

《中华人民共和国民法典》规定，学校应对学生承担教育、管理职责。但是，不应将学校作为唯一的责任主体，学校的教育、管理职责不能代替监护人的监护职责。父母是未成年人的第一监护人，应承担对未成年人实施安全教育的主体责任。未成年人致人损害后，监护人需承担首位的赔偿责任。家长应履行好监护职责，加强对孩子的教育，引导孩子遵纪守法。

 法 条 链 接

《中华人民共和国民法典》

第一千一百八十八条　无民事行为能力人、限制民事行为能力人造成他人损害的，由监护人承担侵权责任。监护人尽到监护职责的，可以减轻其侵权责任。

第一千二百条　限制民事行为能力人在学校或者其他教育机构学习、生活期间受到人身损害，学校或者其他教育机构未尽到教育、管理职责的，应当承担侵权责任。

游客玩"摇摆桥"摔伤，责任谁来担？

李济良／绘

2019年9月28日，许某来到某生态园玩游乐项目"摇摆桥"。站上吊桥，音乐响起，正当许某随同大家一起摇摆时，突然不慎掉落到桥下的充气垫上，又被充气垫反弹至地面。许某顿时感觉右腿疼痛，无法站立，他当场拨打120急救电话。

经医院诊断，许某腿部的伤情为闭合性胫骨平台骨折。他先后三次住院治疗，共花费医疗费、药费等近5000元。

后经伤残鉴定，许某胫骨平台骨折致其膝关节功能部分丧失，伤残等级为十级。

2020年6月，许某将生态园诉至法院，要求其赔偿医疗费、残疾赔偿金、误工费、精神损害抚慰金等。立案后，许某得知"摇摆桥"游乐设施虽设在生态园内，但实际由郭某购买并经营，便追加郭某为该案被告。

法院审理后认为，郭某作为"摇摆桥"游乐设施的实际管理人，应保障游玩人员的安全，为防止游玩人员从桥面掉落受伤，应在充气垫外设置缓冲带或编织防护网等安全防护措施。但郭某未在充气垫外设置相应安全防护措施，未尽到安全保障义务。

生态园为郭某经营的"摇摆桥"游乐项目提供场地，收取租金，从中受益。从郭某出售的"摇摆桥"游乐项目门票以及宣传牌可知，该项目是以生态园的名义对外经营，作为场地提供方，生态园应对郭某租用场地后经营的项目进行审查和管理，其对游乐人员也负有安全保障义务，所以生态园应承担连带责任。

许某作为具有完全民事行为能力的成年人，具备一定生活阅历和日常社会经验，在参与"摇摆桥"游乐项目前，应对游玩方式、注意事项有所了解，对现场环境、安全防护有所观察，对易发风险、安全隐患有所预见，结合自身情况量力而行，并对自己人身安全负有谨慎注意义务，因此他对事故的发生存在一定过错。

法院判决郭某对许某的合理损失承担80%的赔偿责任，共计赔偿12万余元，生态园承担连带责任，许某自行承担20%的责任。

法官说法

这是一起典型的违反安全保障义务纠纷。安全保障义务是一种侵权责任层面的法定义务，适用过错责任原则。法院通常以行业特点、预见可能、获益情况等进行综合考量。本案中，郭某未尽到安全保障义务。生态园收取郭某的租金从中获益，应承担连带责任。许某作为成年人，未做好个人防护措施，对损害后果的发生也存在过错。根据过失相抵原则，即被侵权人对损害的发生或扩大有过错的，可以减轻侵权人的责任，酌情减轻郭某的责任，相应部分由许某自行承担。

 法条链接

《中华人民共和国民法典》

第一千一百九十八条　宾馆、商场、银行、车站、机场、体育场馆、娱乐场所等经营场所、公共场所的经营者、管理者或者群众性活动的组织者，未尽到安全保障义务，造成他人损害的，应当承担侵权责任。

外卖小哥被路"坑"了，施工方有责吗?

李济良/绘

　　外卖小哥刘某骑电瓶车经过某施工路段时不慎摔倒，致使胳膊和腿部受伤、电瓶车受损。随后，刘某报警。

　　民警通过现场勘查认定，施工方未在施工路段设置明显的安全警示标志。因此，这起交通事故的主要责任在施工方，刘某承担次要责任。

　　但施工方表示，刘某是因为车速过快，疏于观察路况摔伤的，即使放置安全警示标志，刘某也未必能安全通过。因此拒绝赔偿。

　　刘某认为，施工方未尽提醒责任，摔伤造成的损失，应由施工

方赔偿。

双方各执己见，互不相让，多次协商无果后，民警引导双方前往街道司法所申请调解。

通过调解员的释法说理，双方达成一致意见，施工方负责人承担刘某的医疗费和电瓶车维修费共计6000元，刘某自行承担误工费。

作为施工方，未在施工路段放置安全警示标志，给行人通行造成极大的安全隐患，应当承担侵权责任。刘某作为具备完全民事行为能力的成年人，有及时避险的能力，因其疏于观察路况造成其胳膊和腿部受伤、电瓶车受损的事实，其本人也存在过错，应当承担相应责任。

 法 条 链 接

《中华人民共和国民法典》

第一千二百五十八条　在公共场所或者道路上挖掘、修缮安装地下设施等造成他人损害，施工人不能证明已经设置明显标志和采取安全措施的，应当承担侵权责任。

从"小饭桌"去学校路上摔伤，责任谁担？

李济良 / 绘

李某在小区开了一家"小饭桌"，为附近孩子提供午餐、休息和接送等托管服务。2021年9月5日，小宇的母亲张某通过微信与李某聊天，决定将小宇交由李某托管，托管内容为中午放学将小宇从学校接回"小饭桌"吃饭并午休，下午上课前将小宇送回学校上课，托管费用为每月600元。

2022年2月28日15时许，李某带着小宇及其他几个孩子从"小饭桌"前往学校，因孩子多，李某没有牵小宇的手。途中，小宇在一斜坡处滑倒受伤，李某立即将其送往某市级医院治疗。经

诊断，小宇为脑震荡、左眼眶下壁骨折。2022年3月17—21日，小宇又在某省级医院住院治疗4天，经诊断为左眼眶爆裂性骨折等。2022年7月5日，张某委托某司法鉴定机构对小宇伤情进行鉴定，鉴定结果为：小宇因外伤致左眼眶爆裂性骨折与2022年2月28日外伤存在直接因果关系，伤残等级为十级。

因损失赔偿问题，张某与李某未达成一致意见，张某将李某诉至法院，要求李某赔偿医疗费、残疾赔偿金、护理费等各项费用13万余元。

庭审中，李某表示，小宇受伤并非他人行为所致，而是其意外摔倒受伤，自己从事的"小饭桌"是餐饮服务的个体，提供就餐服务，如果因就餐引发的身体不适，愿意承担赔偿责任，而小宇摔伤的赔偿不应由其承担。况且，小宇受伤后，自己履行了及时救治义务，过程中无过错。

法院审理后认为，"小饭桌"属于有偿临时托管机构，小宇事发时不满8周岁，属于无民事行为能力人，根据小宇受伤的过程可以看出，小宇受伤时，李某未在小宇身边，未尽管理职责，存在过错，应承担赔偿责任。2023年7月25日，法院依法判决李某赔偿小宇医疗费等各项损失合计11.9万余元。

本案中，李某提供学生托管服务，应尽到安全保障和保护义务。未满8周岁的儿童缺乏自我保护意识，生活自理能力差，需要

特别保护。李某辩称小宇摔伤是自身过错，但小宇属于无民事行为能力人，对于自身的行为无法正确认识，小宇走上斜坡时，李某就应予以制止，李某主张其不存在过错，但未能举证证明已尽到教育、管理责任，即推定其有过错并应承担民事责任。

 **法条链接**

《中华人民共和国民法典》

第一千一百六十五条 行为人因过错侵害他人民事权益造成损害的，应当承担侵权责任。

依照法律规定推定行为人有过错，其不能证明自己没有过错的，应当承担侵权责任。

第一千一百七十九条 侵害他人造成人身损害的，应当赔偿医疗费、护理费、交通费、营养费、住院伙食补助费等为治疗和康复支出的合理费用，以及因误工减少的收入。造成残疾的，还应当赔偿辅助器具费和残疾赔偿金；造成死亡的，还应当赔偿丧葬费和死亡赔偿金。

假经理骗走58万元，公司可以向员工索赔吗？

李济良/绘

2021年6月的一天，某公司投标专员兼人事专员黄某收到"公司总经理柳某某"发来的电子邮件，对方要求其提供一份最新的员工通讯录。黄某立即向其发送了一份员工通讯录，并按照对方指令邀请刚入职一个月的出纳刘某加入某QQ群。

刘某加入QQ群后，"公司总经理柳某某"@刘某，"小刘，现在往这个账户上转58万元，转好了发回单，手续我后面补上。"刘某看到群里其他账号的昵称均为公司同事的姓名，便没有生疑，按"公司总经理柳某某"的要求向其指定账户转账58万元。

公司总经理柳某某的手机收到转账信息后，立即找到刘某询问转账事由，刘某这才发现不对，与柳某某核对QQ号后才意识到遇到诈骗团伙了，而此时QQ群也已解散。柳某某立即报警。

2023年3月，柳某某将刘某和黄某诉至法院，要求两人赔偿公司损失58万元及利息3万元。

法院审理后认为，刘某和黄某的行为都具有重大过失，应承担相应损失的赔偿责任。庭审中，刘某、黄某提供了相关证据，证明该公司在财务审批制度和操作规范方面存在漏洞。刘某在无人监督审查的情况下能够顺利地将大额资金支出，也印证了这一点。法院最终认定，该公司对此次诈骗损失应承担主要责任。

法院判决，刘某和黄某分别承担损失的15%，即8.7万元的赔偿责任，驳回了该公司的其他诉讼请求。

刘某作为财务人员，应有更高的警惕性及审慎义务，但她在QQ群中接到付款指令后，未经核实就将款项转出。而黄某在未核实确认对方信息是否真实的情况下就将公司员工的通讯录发出，导致公司人员信息泄露，且由她通知刘某加入QQ群，最终引发后续一系列被骗的情况，她的行为也是引发此次财产损害的原因之一。

《中华人民共和国民法典》

第一千一百六十五条　行为人因过错侵害他人民事权益造成损害的，应当承担侵权责任。

垂钓者触电身亡，电力公司是否应承担赔偿责任？

李济良／绘

　　2021年的一天凌晨，苗某在某垂钓园高压电线下钓鱼时，不慎触电身亡。苗某的家人认为，垂钓园内的高压电线系某电力公司架设，电力公司与垂钓园经营者于某没有尽到安全保障义务，致使苗某触电身亡，遂将他们诉至法院，诉求其支付死亡赔偿金、丧葬费等160余万元。

　　电力公司称，垂钓园内的高压电线确实由其架设，但他们和于某签订了安全责任书，约定由于某负责垂钓园内高压设备的安全管理工作，若发生事故由于某承担主要责任。所以，于某才是此次安全事故的责任主体。

于某则称，他在高压电线处设置了明显的"内有高压，后果自负"警示牌，已尽到安全警示告知义务。

法院审理后认为，电力公司和于某签订的安全责任书无效。

根据当事人的过错程度以及行为后果、经济能力等因素，法院判决电力公司承担原告诉求金额20%的民事责任。

本案中，电力公司在涉案高压线路上从事高压电能输送并获取经济利益，应当认定为涉案高压线路电能输送的经营者，依法应承担相应的无过错民事赔偿责任。于某非涉案高压线路电能输送的经营者，不承担侵权责任。苗某作为完全民事行为能力人，应当对垂钓地点的选择负有高度注意义务，其选择在高压电线下方钓鱼，将自身置于危险之中，对造成自身损害存在重大过失，可减轻电力公司的责任。

《中华人民共和国民法典》

第一千二百四十条　从事高空、高压、地下挖掘活动或者使用高速轨道运输工具造成他人损害的，经营者应当承担侵权责任；但是，能够证明损害是因受害人故意或者不可抗力造成的，不承担责任。被侵权人对损害的发生有重大过失的，可以减轻经营者的责任。

拔火罐烧伤客人，怎么赔？

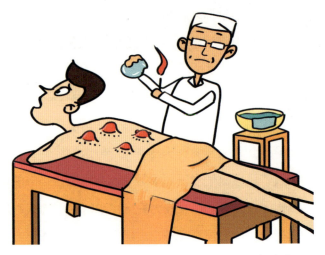

李济良/绘

　　王先生在某养生馆体验拔火罐项目。其间，因工作人员操作不当，火源掉落在王先生的背部，致使其背部烧伤，王先生挣扎时，火源又掉落到胸部和上肢，造成胸部及上肢受伤。

　　经医院诊断，王先生的背部被烧伤4%，胸部和上肢被烧伤1%。其住院治疗期间，共产生医疗费4000元。

　　出院后，王先生前往养生馆协商赔偿事宜。王先生主张除医疗费外，养生馆还需赔偿其误工费、护理费、营养费、住院伙食补助费等各项损失。养生馆负责人认为，王先生烧伤住院是工作人员操作不当引起的，养生馆只赔付医疗费，其他费用与养生馆的过错无直接关联，且王先生提出的赔偿费用过高，养生馆无法承担。

多次协商未果，王先生将养生馆诉至法院，请求法院判令养生馆支付其各项损失共计6.6万元。

眼见两人无法和解，法院开庭审理此案。

法院审理后认为，公民的健康权受法律保护，养生馆因工作人员过错侵害了王先生的健康权，依法应当承担赔偿责任。

经核算，法院判决养生馆赔偿王先生误工费、护理费、营养费、伙食补助费等共计7000元。

养生机构的拔火罐等是准医疗性质的服务项目，因其自身过错产生损害是侵权行为，应承担赔偿责任。根据我国相关法律规定，侵害他人造成人身损害的，不能仅赔偿医疗费，还应赔偿为治疗和康复支出的合理费用及因误工减少的收入。

消费者在接受理疗服务时，应当选择有资质的保健场所或正规医疗机构。理疗服务经营者应提高安全保障意识和依法依规经营意识，加强员工专业培训，保障消费者人身、财产安全。

《中华人民共和国民法典》

第一千一百七十九条 侵害他人造成人身损害的，应当赔偿医疗费、护理费、交通费、营养费、住院伙食补助费等为治

疗和康复支出的合理费用，以及因误工减少的收入。造成残疾的，还应当赔偿辅助器具费和残疾赔偿金；造成死亡的，还应当赔偿丧葬费和死亡赔偿金。

第一千一百九十一条 用人单位的工作人员因执行工作任务造成他人损害的，由用人单位承担侵权责任。用人单位承担侵权责任后，可以向有故意或者重大过失的工作人员追偿。

物

权

地相邻，如何与邻为善？

李济良/绘

近日，陈某与邻居范某再一次发生纠纷。"你种的树离我家院子太近了，有安全隐患，你得移开，还要赔偿我损失。"陈某说。"你搬来之前我就种上树了，凭什么移开！"范某毫不退让。

双方的相邻权纠纷由来已久。

2003年9月1日，陈某以出让方式取得某农业综合开发区一块土地（以下称"涉案土地"）的使用权，使用期限为50年。

2018年，燃气公司对涉案土地区域进行民用燃气设施改造，范某家所用的供气管线经过了陈某的土地，这让陈某心里很不舒

服，双方每次发生矛盾，他都会提起此事。

这一次，陈某照例旧账重提。"你家的燃气管线经过我家院子，让你挪走你也不挪，还在我家院子跟前种树，太过分了。"

"燃气工程属于专项规划，和我有什么关系？你有意见应当跟相关部门交涉。"范某理直气壮。

据悉，范某2001年已经在涉案土地区域居住，当时政府鼓励植树造林，范某便在房前栽了很多树。相关材料显示，涉案土地区域进行民用燃气设施改造工程，管线是经过有关部门规划、设计、审核后铺设的。

本案中，范某种植树木时，陈某尚未取得涉案土地的使用权，范某种植树木的行为不可能构成对陈某物权的妨害。而燃气管线经过陈某的土地，是相关部门规划、设计后确定的合理方案，根据民法典的规定，作为邻居的陈某应当提供便利。综上，陈某的说法没有法律和事实依据。

法官说法

使用邻地包括两种情形：一是因建造、修缮建筑物而临时使用邻地；二是在邻地上安装管线。土地权利人因建造、修缮建筑物必须临时使用相邻的土地、建筑物的，相邻的土地、建筑物的权利人应当提供必要的便利。如果土地或者建筑物权利人必须经过相邻人的土地、建筑物才能铺设电线、电缆、水管、暖气和燃气管线，相邻人应当允许，但该权利人应选择损害最小的方法铺设，并对所造成的损害予以赔偿。

使用邻地需满足两个条件：一是确有需要即应提供便利；二是谨慎行使相邻权，注意保护相邻权利人的利益。另外，不动产的相邻权利人应当按照有利生产、方便生活、团结互助、公平合理的精神，正确处理相邻关系。

 法条链接

《中华人民共和国民法典》

第二百九十二条　不动产权利人因建造、修缮建筑物以及铺设电线、电缆、水管、暖气和燃气管线等必须利用相邻土地、建筑物的，该土地、建筑物的权利人应当提供必要的便利。

房屋被出租，房东怎么办?

李济良 / 绘

2023年5月，张女士把房屋出租给某经纪公司，期限为1年，双方约定，房租"付三押一"。合同签订后，某经纪公司向张女士支付了3个月的租金，另加1个月房租作为押金。9月，张女士打电话找某经纪公司要房租，但电话一直打不通。

张女士去看出租的房子时，一个自称刘某的男子开了门。刘某称是从某经纪公司王某处租的房子，他已经交了一年的房租。"房子是我的，你住我的房子，应当把房租交给我，否则你赶快搬走。"张女士说。

刘某称："我从别人手里租的房子，跟你无关，我有权居住。"双方争执不下，刘某拒绝搬离，也拒绝交房租。

这起案件的焦点是，刘某是否有权住在张女士的房子里。根据案情，刘某住房子的依据是他跟王某签的协议，并且已经交了租金。如果有证据证明王某有权出租该房屋，而刘某租房协议是真实有效的，他可以继续居住。张女士可以向经纪公司主张权利，要求经纪公司继续履行合同并承担相应的违约责任。

张女士作为房东拥有房屋所有权，刘某作为承租人拥有债权，因为物权效力优于债权，因此张女士可以与刘某协商，采取合法合规的措施让刘某搬离，而刘某可以向王某主张权利，讨回损失。

在签订租房协议时，要查验出租人的身份证和产权证，应采用书面协议而非口头协议，如果通过中介公司租赁房屋，应选择资质和信誉优良的公司，尽可能降低风险。

《中华人民共和国民法典》

第七百一十六条 承租人经出租人同意，可以将租赁物转租给第三人。承租人转租的，承租人与出租人之间的租赁合同继续有效；第三人造成租赁物损失的，承租人应当赔偿损失。

承租人未经出租人同意转租的，出租人可以解除合同。

房屋赠与子女后，离异夫妻还能居住吗？

李济良/绘

　　王某与妻子田某育有3个孩子，且均已成年。其中，次子幼年时因车祸致残，智力残疾等级为二级，生活不能自理；幼子靠打工为生。王某夫妇有一套住房。后因种种原因，王某向法院提起诉讼，要求与田某离婚。

　　2021年9月5日，法院判决王某与田某离婚，但双方就房屋分配事宜产生争议。

　　考虑到田某愿意抚养次子，且幼子已到适婚年龄，法官经调解，王某与田某达成一致意见：将房屋赠与幼子，由田某照顾次子

的生活起居，田某对该房屋享有永久居住权。王某现无固定住所，其对于该房屋享有自调解生效后4个月期限的居住权，以便另寻住所。

最后，法院向双方释明，为更好地保障双方居住权，王某和田某可以依据调解书向房屋所在地的登记机构申请居住权登记。

居住权属于用益物权之一。夫妻离婚时协商将房屋赠与子女的，由于子女有承担赡养父母的法定义务，所以父母对赠与子女的房屋享有法定的居住权。

 法条链接

《中华人民共和国民法典》

第三百六十六条　居住权人有权按照合同约定，对他人的住宅享有占有、使用的用益物权，以满足生活居住的需要。

第三百六十七条　设立居住权，当事人应当采用书面形式订立居住权合同。

第三百六十八条　居住权无偿设立，但是当事人另有约定的除外。设立居住权的，应当向登记机构申请居住权登记。居住权自登记时设立。

废弃物着火烧毁居民窗户，原因不明，谁担责？

物业要赔偿我的损失！

李济良 / 绘

　　加某为某小区一楼的住户。6月25日中午，放置在加某家窗外的一把椅子突然着火，致使加某家窗户、窗帘被烧毁。当时，邻居发现后及时撬门进入，将火扑灭并报警。紧接着，辖区派出所民警、小区物业公司人员以及社区干部赶至现场处置。后经警方调查，未发现有人蓄意纵火，但未找到着火原因。

　　加某要求物业公司赔偿2万元，但被拒绝。7月9日，加某到司法所申请调解。受理此案的人民调解员到现场查看损失后，经测算，更换窗户、窗帘、垭口包装及粉刷墙面大约需要1万元。同

时，人民调解员调查了解得知，着火的椅子是加某放置在屋外的，之前物业公司发现其在楼下堆放杂物，口头通知其清理，但未下达书面整改通知。

人民调解员向双方释法说理："根据我国《物业管理条例》第二十八条、三十六条、四十七条、五十六条的规定，未发现着火原因时，物业公司应承担赔偿责任。"经过调解，双方达成和解，物业公司为加某更换窗户，并减免其两年的物业费。

##

加某明知公共区域内不允许堆放杂物，仍在楼下放置废弃座椅，自身存在过错；物业公司未能按照物业服务合同完全履行责任，应承担相应赔偿责任。因此，加某和物业公司对火灾事故的发生均存在过错，应当承担相应的损害赔偿责任。

法条链接

《中华人民共和国民法典》

第九百四十二条 对物业服务区域内违反有关治安、环保、消防等法律法规的行为，物业服务人应当及时采取合理措施制止、向有关行政主管部门报告并协助处理。

父子因房屋归属对簿公堂，
子女借父母钱要偿还吗？

李济良／绘

2001年，王亮（化名）出资在自家宅基地上盖起一套120平方米的住房，房屋建成后一直与父亲王明（化名）共同生活，王明口头承诺，他去世后这套住房就留给王亮。2008年，因工作原因，王亮搬出该住房，2013年王亮想搬回时，得知父亲王明想把该房屋作为遗产平均分给所有子女。王亮要求王明返还建房款18万元或将房屋所有权变更在自己名下。王明不同意，王亮将王明诉至法院。

在法庭上，王明辩称：儿子王亮的建房款是从自己这里借的，

至今还未还清。在这种情况下，自己不可能将房屋所有权变更在王亮名下。经法庭询问，王亮承认在建房前向其父亲多次借款未还，但父亲说不需要自己偿还。

法官劝说王亮："日常生活中，父母在成年子女购房或建房时给予资助是常有的现象，但我们不能将其视为理所应当。子女成年后，父母无继续供养义务，如果不是父母明确表示赠与，子女向父母借钱，仍负有偿还义务，如果欠钱不还，也是不合法的。"

听完法官的劝说，王亮表示撤诉，并承诺以后一定会好好孝敬父亲，报答父亲的养育之恩。

法官说法

父母与子女是独立的民事主体，双方都是完全民事行为能力人，有权决定自己的民事行为，并且债权人（债主）可以要求债务人在其愿意承担的债务范围内承担连带责任，不因血缘关系的存在而混同。假如子女已成年，又具备挣钱的能力，子女欠父母的钱在法律效力上就必须还。

法条链接

《中华人民共和国民法典》

第一百四十三条 具备下列条件的民事法律行为有效：（一）行为人具有相应的民事行为能力；（二）意思表示真实；（三）不违反法律、行政法规的强制性规定，不违背公序良俗。

购房不及时过户，要担哪些风险？

李济良/绘

　　某法院在执行一起案件时，案外人张某就查封被执行人杨某名下房产向法院提出异议。"2011年，杨某将这套房子卖给了我，当时我们签订了买卖合同，我支付了全额房款。之后，因一直没找到杨某，就没有办理过户手续。没想到，房子现在要被法院执行了。"张某认为，虽然房子仍然登记在杨某名下，但自己才是房屋的实际所有权人。法院执行房产的行为损害了其合法权益，所以他向法院提起执行异议，并申请中止查封房产。

　　法院审理查明，张某所说的情况属实，但《最高人民法院关于人民法院办理执行异议和复议案件若干问题的规定》第二十八条规

定了涉案情况审查标准：（一）在人民法院查封之前签订合法有效的书面买卖合同；（二）在人民法院查封之前已合法占有该不动产；（三）已全部支付价款，或者已按照合同约定支付部分价款且将剩余价款按照人民法院的要求交付执行；（四）非因买受人自身原因未办理过户手续。

法院认为，结合上述法律规定，张某在签订房屋买卖合同后，不能举证证明自身积极行使了权利而由于客观原因未能实现过户，对于其无过户障碍，且长期未行使权利而导致该房产作为被执行人杨某的责任财产被采取了强制执行措施，张某本人也有过错。因此，张某无权基于无过错买受人身份请求排除执行。

最终，法院驳回了张某的执行异议请求。

 法官说法

法律规定，不动产物权的法定取得方式为登记。买方在与房屋原所有人签订房屋买卖合同后，一定要及时督促出卖人配合办理过户手续，避免出现卖方因负债成为被执行人，导致购买人所购房屋被查封、拍卖等风险。

✒️ 法条链接

《中华人民共和国民法典》

第二百零九条　不动产物权的设立、变更、转让和消灭，经依法登记，发生效力；未经登记，不发生效力，但是法律另有规定的除外。

购买农村耕地建房，拆迁有无补偿？

李济良/绘

　　2016年，张某与哈某签订宅基地及房屋转让合同。二人约定，哈某将位于某村的土地转让给张某，张某在该土地上重新修建房屋。双方协商后，一致同意该土地的使用及房屋的转让价格为62万元。

　　为顺利施工，张某按照约定，先向哈某支付了10万元，约定剩余52万元待房屋建成后再付。当哈某的房屋和羊圈都顺利拆除、张某的房子顺利开建时，传来了该区域被征收的消息。当地改造建设工程指挥部发现，该土地属于耕地，张某所建的房屋属违法建筑，于是未向张某发放补偿款。张某后悔不已：自己已支付了一部

分购房款，建房也花了不少钱，这笔损失谁来承担？随后，张某将哈某诉至法院，要求哈某赔偿自己修建房屋所造成的损失15万元，并退还已支付的购房款10万元。

哈某认为，张某事先知道这个地方要拆迁，他明知这是农村集体所有的土地，为获得拆迁款坚持要买下盖楼，现在拿不到拆迁款，他就想反悔。张某应为自己的过错买单，不能因为自己的意愿没有达成而让别人承担损失。如张某坚持要求退还转让费，那他应当将当初的房屋、羊圈恢复原状。

法官审理后认为，本案中，虽然张某与哈某签订了宅基地及其房产转让合同，该转让合同也是两人真实的意思表示，但合同违反了国家法律、行政法规强制性规定，因此，这份合同属于无效合同。合同无效或者被撤销后，因该合同取得的财产，应当予以返还；不能返还或者没有必要返还的，应当折价补偿。有过错的一方应当赔偿对方因此所受到的损失；双方都有过错的，应当各自承担相应的责任。

对于张某要求哈某返还已支付的购房款10万元、赔偿损失15万元的请求，法院认为，张某和哈某在事前都应当知道该土地不得转为非耕地用于建设住宅，对此，双方都存在过错。由于合同无效，张某要求返还购房款的请求符合法律规定，应当予以支持，但是对于张某要求赔偿建房款的损失，法院不予支持。

张某应该恢复哈某家土地、羊圈原状吗？法官认为，哈某有义务向法院举证证明自己在该土地上附着物的情况，没有举证证明，法院不能采纳其主张。

综上，法院判决哈某返还张某购房款10万元。宣判后，双方均未上诉。

我国农村土地属于集体所有，承包人不是所有权人，故不可以买卖。农村建房需依照相关法律向村委会提出申请，并且经乡镇政府审核后报县政府批准。尽管农村土地不能买卖，但农村耕用土地的承包经营权是允许依法转让的。但在耕用土地流转过程中，不能改变这些土地的使用性质，也就是说，不能用于商业性经营活动，不能变成商业用地。

 法 条 链 接

《中华人民共和国民法典》

第三百三十四条　土地承包经营权人依照法律规定，有权将土地承包经营权互换、转让。未经依法批准，不得将承包地用于非农建设。

家住一楼是否需要缴纳电梯费？

李济良／绘

　　李女士住在某小区一楼，她在缴纳物业费时，发现自己和居住在同单元22楼的王某缴纳的费用相同，感觉自己吃亏了。"我家住一楼，不使用电梯，不产生电梯费用，应该少缴一些物业费吧？"接到小区物业公司催缴物业费的电话后，李女士提出疑问。"你家不使用电梯，不意味着就不需要缴纳电梯费，所以物业费不能少缴。"物业公司人员答复李女士。

　　李女士表示，物业公司不解释清楚，她就拒绝缴纳物业费。

　　物业服务收费包括物业公共服务收费、住宅小区停车收费、其他服务收费。其中，物业公共服务费的成本构成包括物业共用部位、共用设施设备的日常运行和维护费用等。

根据我国民法典的相关规定，业主对建筑物及其附属设施的共有是不可分割的，对共用部分的费用及经营收益的分割，不是各个业主可以自由主张的。建筑物共有部分产生的费用，应由业主负担。李女士一家虽居住在一层，但就电梯费问题未与物业公司进行特别约定，她应全额缴纳物业费（含电梯运行费）。

楼道电梯属于建筑物的附属设施，属于小区共有部分，电梯的有无及使用性能的好坏，对建筑物本身的价值有重要影响，关系到对应建筑物全体业主的利益，因此，电梯费应当由全体业主按照约定或者有关规定承担。

在建筑物区分所有权中，业主不管住在哪一层，都对电梯享有共有权，因此都应分担运行和维修费用的义务，不得以不行使权利为由而不履行义务，所有业主都要按业主专有部分面积所占比例确定其应分担的费用。

 法 条 链 接

《中华人民共和国民法典》

第二百八十三条　建筑物及其附属设施的费用分摊、收益分配等事项，有约定的，按照约定；没有约定或者约定不明确的，按照业主专有部分面积所占比例确定。

捡金手链后当垃圾扔了，为何被判赔？

李济良/绘

1月的一天，李某佩戴价值32325元的金手链，在上班的路上丢失。发现手链丢失后，李某立即调取公共视频，看到金手链掉在自家服装店旁边店铺的门口，被路人捡走了。李某遂向当地派出所报案。经派出所调查，马某认可拾得金手链的事实，但她自称捡到后以为是假的，就当垃圾扔了，无法返还。

4月12日，李某将马某诉至法院，请求返还遗失物。

法院审理后认为，虽然被告马某辩称当时捡到了一个网状的薄片，不确定是不是黄金制品，也不确定是不是原告的，但根据原告李某提供的视频及马某本人在派出所调解时的陈述，可以认定是马某拾得了李某遗失的手链。根据李某提供购买手链的收据、出示的证据及李某、马某的陈述，足以认定遗失的手链为黄金手链，价款为32325元。马某在拾得手链后辩称已经丢弃，致使李某遗失物灭失，应当承担相应的民事责任。

庭审中，经法院向李某释法，李某同意在马某返还遗失物不能的情况下，赔偿遗失物价款32325元。

法官说法

拾得遗失物应当想办法通知权利人领取或送交公安等部门。在送交公安等有关部门前或有关部门在遗失物被领取前，应当妥善保管遗失物。马某拾到原告李某遗失的手链，应当及时返还原告李某或交由相关部门妥善保管，但其却将手链抛弃，造成了手链灭失，应当承担相应的民事责任。

 法 条 链 接

《中华人民共和国民法典》

第三百一十四条 拾得遗失物，应当返还权利人。拾得人应当及时通知权利人领取，或者送交公安等有关部门。

第三百一十六条 拾得人在遗失物送交有关部门前，有关部门在遗失物被领取前，应当妥善保管遗失物。因故意或者重大过失致使遗失物毁损、灭失的，应当承担民事责任。

借儿名义购房，母亲能否追要房款？

李济良／绘

2011年，王某想买房，但因户口簿、身份证都遗失，导致购房遇阻，她与儿子张某和儿媳刘某商量，想借用儿子的名义购买一套某小区住房，二人同意了的王某的提议。

2011年6月，王某以总价56.5万余元的价格购买了该套房屋，首付17万余元。王某每月按时向银行偿还房贷。

为保险起见，2017年9月，王某与儿子张某签订借名按揭购房协议，协议约定，王某借儿子张某名义签订购房合同、按揭贷款、登记产权证。首付房款及月供款由王某承担，并承担由此带来的相关法律责任。王某为该房的实际所有权人，有权要求张某以登记人的名义配合办理还款、解押、过户登记手续。王某应当按时支付月供款，不得给张某造成银行不良记录，不得拖欠水电暖物业费。张某及妻子刘某不得以房产登记人的名义对该房产主张任何权利。王某和儿子、儿媳均在协议上签字。

2018年4月，张某擅自将母亲的这套住房以88万元的价格出售给了李某。李某向张某支付了88万元购房款，张某支付了银行贷款余额35万余元，于2018年4月将房屋过户并交付给李某。

卖房后，张某未将剩余的售房款还给母亲，经多次调解协商无果，2019年7月，王某将儿子诉至法院。

张某拒绝将售房款给母亲，理由是母亲有外债，他从2016年起先后帮母亲还了几次债，外加母亲未交的暖气费、物业费等共计花费了8万余元，还从2018年4月起，每月给母亲3000元。

法院审理后认为，王某与儿子张某、儿媳刘某达成的借名按揭购房协议系双方当事人真实意思表示，不违反法律法规强制性规定，合法有效，双方应按约履行各自义务。虽然张某为房屋产权登记人，但房屋实际所有人是王某。

张某擅自将登记在其名下的房屋转让给李某的行为，损害了王某的合法权益，王某有权要求张某返还房款。王某主张张某返还售房款51万元，但张某出售房屋时支付了银行贷款、中介佣金、热力公司暖气费等，是因房屋引发的债务，应当在售房款中予以扣减。

张某辩称，代母偿还的借款及给付母亲的部分款项与该案不属

于同一法律关系，法院不予扣减。因此张某应给付王某售房款50万余元。

在这起案件中，王某主张儿媳刘某共同承担给付责任。法院认为，张某与刘某是夫妻关系，张某出售房屋后，售房款用于他和妻子共同生活、共同生产经营活动，刘某分享了房款带来的利益，应当视为共同债务。因此法院予以支持。

法院依法判决张某、刘某给付王某售房款50万余元。

当事人约定一方以他人名义购买房屋，并将房屋登记在他人名下，借名人实际享有房屋权益，借名人可依据合同约定要求登记人办理房屋所有权转移登记，但违反相关政策、法规的除外。

借名买房有诸多法律风险：一是，如果登记购房人反悔，出资人不能证明双方之间的委托关系和支付购房款的事实，要想取得房屋产权或收回购房款很困难；二是，如果登记购房人有对外债务，债权人可以要求法院查封并拍卖该房产；三是，如果名义产权人意外死亡，该房屋可能会因为继承关系而被其他人继承。所以借名买房需谨慎。

 法条链接

《中华人民共和国民法典》

第二百三十八条　侵害物权，造成权利人损害的，权利人可以依法请求损害赔偿，也可以依法请求承担其他民事责任。

物业超标收费，业主可以拒缴吗？

李济良／绘

贾某是某小区的业主，自2016年10月至2018年12月，他一直未缴纳物业费。

该小区物业公司向贾某多次催告无果后，将贾某诉至法院，请求法院判决贾某支付拖欠的物业费7500余元，并赔偿违约金1.4万余元。

法院经审理查明，贾某的住宅是带电梯的普通住宅，物业公司与开发商签订的物业服务合同中约定：该物业公司为某小区提供三级物业服务，按照每月每平方米2元收费。

法院认为，根据《物业管理条例》《物业服务收费管理办法》和业主所在地的物业服务收费管理办法等相关规定，物业服务收费标准应当依据物业公司所提供的物业服务等级，在价格主管部门制定的相应政府指导价范围内确定。

2016年10月1日至2016年12月15日期间，当地三级物业服务的指导价为1.1元／月·平方米，可上下浮动10%；2017年1月1日至2018年12月15日期间，指导价为1.5元／月·平方米，可上下浮动10%。据此，该小区物业公司收费标准与其服务等级不符，其超过政府指导价的部分，违反有关价格的法律法规及地方性政策，其超标收费的行为缺乏正当性，不受法律保护。经法院核算，认定贾某拖欠的物业费为6043元。

根据《最高人民法院关于审理物业服务纠纷案件具体应用法律若干问题的解释》第五条第一款规定："物业服务企业违反物业服务合同约定或者法律、法规、部门规章规定，擅自扩大收费范围、提高收费标准或者重复收费，业主以违规收费为由提出抗辩的，人民法院应予支持。"故被告贾某有权以违规收费为由提出抗辩，法院对原告有关违约金的诉讼请求不予支持。

2020年12月，法院判决，贾某向该小区物业公司支付物业费6043元，驳回物业公司要求贾某支付违约金的请求。

物业服务作为重要的公共服务行业，发挥着促进社会稳定及构建和谐社会的重要作用，原告超过政府指导价收费的行为如得到支

持，会造成其他遵守政府指导价的诚信物业企业及受害业主方的利益失衡，会降低诚信物业企业及广大业主对社会公信力的信服，也会破坏在政府宏观调控下促使物业服务业进行有序、公正、平等经营活动的正常市场经济秩序。原告作为物业企业，应当知晓有关物业服务收费文件，其知规犯规的行为，对内失诚于业主，对外失信于政府。故对原告超过政府指导价收费的行为，法院不予支持。

法 条 链 接

《中华人民共和国民法典》

第九百四十四条　业主应当按照约定向物业服务人支付物业费。物业服务人已经按照约定和有关规定提供服务的，业主不得以未接受或无需接受相关物业服务为由拒绝支付物业费。

无主窨井盖缺失致人受伤，
道路管理人要担责吗？

李济良／绘

　　2017年12月，小郑在某路段人行道上行走时，跌入路边一个井盖缺失的窨井内，导致受伤。事发后，小郑报警，派出所民警到现场了解情况，并联系急救车将小郑送往医院。小郑被医院诊断为左胫骨下端骨折，需手术治疗。后经专业伤残机构鉴定，小郑因此次事故构成十级伤残。

　　随后，小郑将该路段的某管理部门诉至法院，请求法院判决被告赔偿医疗费、误工费、护理费、残疾赔偿金等共计15万余元。

但该管理部门辩称，自己不是涉案窨井的管理人及所有人，因此没有义务对小郑的损失进行赔偿。

法院根据相关文件规定认定，被告该管理部门是涉案窨井所处路段的市政管理部门，其主要职责包括负责地区公园、广场、道路的维护，即本案被告虽不是窨井的管理人及所有人，但是窨井所处路段的道路管理人，道路上的设施因维护、管理瑕疵致人损害的，管理人也应当承担相应的责任。

结合本案实际情况，法院酌定由被告该管理部门对小郑受伤产生的损失承担70%的责任，小郑自行承担30%的责任，判决该管理部门赔偿小郑8万余元。

 **法官说法**

本案系窨井等地下设施引发的生命权、健康权和身体权纠纷。小郑在人行道上行走跌入井盖缺失的窨井受伤，系道路管理人未尽到道路管护责任所致，道路管理人也未能当庭提交证据证实其尽到了相应的维护义务，故应当承担相应的责任。但鉴于小郑作为完全民事行为能力人，其在道路上行走时，未对路面状况尽到注意义务存在过错，故可以减轻道路管理人的责任。

 **法 条 链 接**

《中华人民共和国民法典》

第一千二百五十八条 窨井等地下设施造成他人损害，管理人不能证明尽到管理职责的，应当承担侵权责任。

小区地下车库未计入公摊面积，
开发商是否有权销售？

李济良 / 绘

2018年，刘某与甲开发商签订了甲小区车位使用权转让合同，合同约定车位交付时间为2019年6月，随后，刘某支付了转让费15万元。

合同签订后，甲开发商未按照约定的方式交接车位。与此同时，刘某发现，合同中约定的涉案车位未计入容积率，根据当地规定，车位应当属于业主共有，甲开发商不具备交付车位的条件。

刘某认为，甲开发商存在严重的违约行为，遂将解除合同的书面告知函邮寄给甲开发商，要求其返还车位转让费，但甲开发商未予回复。

2020年6月，刘某将甲开发商诉至法院，要求甲开发商返还车位转让费，并承担违约责任。

法院认为，本案中，甲小区车位使用权转让合同是业主与甲开发商在平等自愿、协商一致的基础上签订，系双方真实意思表示，其中亦明确约定甲开发商对甲小区项目的规划车位享有所有权，其通过出售将车位使用权转让给原告。同时，根据双方买卖房屋时签订的商品房预售合同约定及开发商提供的甲小区住宅小区地下车库房产面积（实测绘）成果报告内容来看，涉案车库没有占用业主共有的道路或者其他场地，也未计入公用建筑面积。

被告作为开发建设地下车库的开发商，依据与业主的约定享有对地下车位的物权，其转让车位使用权的行为不违反法律规定。本案中，甲开发商有权销售未计入容积率的地下车库，双方签订的甲小区车位使用权转让合同也是合法有效的。

但法院调查发现，被告向业主发出车位交付通知，但交付通知已逾期60天，且交付通知发出后，未实际交付。

法院认为，依法成立的合同，对双方当事人即具有法律约束力，双方均应依照合同约定全面履行各自的义务，否则应承担相应的违约责任。原告要求解除双方签订甲小区车位使用权转让合同的诉讼请求，于法有据。

综上，法院一审判决，甲开发商返还刘某15万元，并承担协议约定的违约金1500元。

　　容积率是指建设用地合理使用的规划控制指标，以建设用地规划许可范围内总建筑面积与用地面积的比值表示。根据甲开发商的建设规划，甲小区地下车库虽因未计入容积率，在客观上无法办理产权登记，但该车位亦未使用全体业主共有的土地使用权。本案中的地下车库经相关部门批准许可规划，经批准许可建设后依法建设，工程竣工后，通过了相关单位竣工验收。

　　我国住房和城乡建设部发布的《城市地下空间开发利用管理规定》第二十五条规定："地下工程应本着'谁投资、谁所有、谁受益、谁维护'的原则，允许建设单位对其投资开发建设的地下工程自营或者依法进行转让、租赁。"据此，被告甲开发商作为地下车库的开发商，对地下车库依法享有合理的占有、使用、收益的权利。

　　《中华人民共和国民法典》

　　第二百七十五条　建筑区划内，规划用于停放汽车的车位、车库的归属，由当事人通过出售、附赠或者出租等方式约定。

　　占用业主共有的道路或者其他场地用于停放汽车的车位，属于业主共有。

小区公共部分收益归谁所有?

李济良/绘

2014年12月25日,某小区第一届业主委员会与某物业公司签订物业服务合同,约定某物业公司每月从小区共有建筑区划内的共有部分收入中,返还全体业主5000元停车费,直接打到业委会账户上。

王某是第三届业主委员会成员,任期自2019年12月至2022年12月。他和其他成员与第二届业委会交接工作时发现,物业公司尚欠业委会27万元停车费没有支付。之后,业委会与物业公司多次协商未果,最终该物业公司退出小区。

王某反映，物业公司与业委会签订的物业服务合同中关于"返还款"的约定，是停车费收取方式项下的特别约定。从物业公司公布的财务收支情况、发票等可知，该物业公司2015年向小区业委会账户支付了3万元"停车费返还款"，之后便再没有支付。

物业公司收取停车费，并向业委会返还了3万元，据此可以认定，物业公司认可小区停车费属于共有建筑区划内的共有部分收益。根据民法典的规定和《物业服务合同》约定的内容，共有部分收益尚未返还的，物业公司应当予以返还。

将小区公共部分产生的收益明确为业主共同所有，能够更好地保护业主的共有权。购买商品房，都存在公摊面积，公摊面积就是指公共部分，这是业主花钱买的，产生的收益应当归业主共有。

业主的共有部分包括车库、车位、楼顶平台、建筑外墙，还包括建筑物基本构造部分中的走廊、楼梯、过道、电梯间等。这些共有部分产生的收入，扣除合理成本后，均属于业主共有。具体如何分配，应当由业主共同决定。实践中，业主可以业主大会决议的形式，决定将这部分收益归属于公共维修资金，也可以决定将这部分收益分配给全体业主。

法条链接

《中华人民共和国民法典》

第二百八十二条　建设单位、物业服务企业或者其他管理人等利用业主的共有部分产生的收入，在扣除合理成本之后，属于业主共有。

第二百八十三条　建筑物及其附属设施的费用分摊、收益分配等事项，有约定的，按照约定；没有约定或者约定不明确的，按照业主专有部分面积所占比例确定。

业委会更换物业公司，业主可行使撤销权吗？

李济良/绘

2019年12月，一小区业委会与某物业公司签订物业服务合同，更换了原来的物业公司。"我们不同意！"该小区业主张某、李某于2020年8月将业委会告上法庭，请求法院判令撤销业委会作出的更换原物业公司和选聘新物业公司的两项决议。

原告认为，更换物业公司关系到全体业主切身利益，业委会没有依法通知全体业主召开业主大会，也没有征得法律规定的过半数业主同意。

对此，业委会并不认可。"原物业公司没有和我们签订物业服

物　权

务合同，也未提供相应服务，且存在违规收取停车费等问题，损害了全体业主的利益。"业委会负责人表示，"上述决议是根据章程召开业主大会，用书面形式征求业主意见才作出的，不可能撤销。"

法官说法

此案中，业委会如果没有证据证实他们召开了业主大会，并依据法律规定表决通过了相关决议，其程序就违反了法律规定。根据业主撤销权的相关规定，法院可以依法判决撤销该小区业委会作出的决议。

 法条链接

《中华人民共和国民法典》

第二百七十八条　下列事项由业主共同决定：……（三）选举业主委员会或者更换业主委员会成员；（四）选聘和解聘物业服务企业或者其他管理人；……业主共同决定事项，应当由专有部分面积占比三分之二以上的业主且人数占比三分之二以上的业主参与表决。……应当经参与表决专有部分面积过半数的业主且参与表决人数过半数的业主同意。

第二百八十条　业主大会或者业主委员会的决定，对业主具有法律约束力。

业主大会或者业主委员会作出的决定侵害业主合法权益的，受侵害的业主可以请求人民法院予以撤销。

业主委员会与前物业公司打官司，
讨回的公共收益应归属谁？

李济良／绘

在法院工作人员的见证下，某小区业主委员会主任来到业主家中，向业主发还公共收益款。

这笔钱是不久前业主委员会状告前物业公司赢回的小区公共收益，共计44.8万余元。当天，向业主共计发放38万元小区公共收益，每户200元。

该业主委员会于2017年6月成立，成立之后通过业主代表大会解聘了前物业公司，并于2018年1月20日通过招标聘请了新的物业公司，但前物业公司不愿退场，也不同意移交小区公共收益。于是，业主委员会收集、整理相关资料，将该物业公司诉至法院。

2019年8月，法院审理后认为，被告物业公司自2015年1月起对该小区提供物业服务期间，所获取的车位管理维护费、管理费、门岗车位管理费属于利用业主公共部分产生的盈利，应归业主所有。法院判决该物业公司退出该小区，并移交物业服务用房及相关设施，移交小区公共收益44.8万余元。

法官说法

物业公司选任和解聘的权利依法归业主享有，由业主大会和业主委员会依法行使。《物业管理条例》第二十六条规定："前期物业服务合同可以约定期限，但期限未满、业主委员会与物业服务企业签订的物业服务合同生效的，前期物业服务合同终止。"本案中，该小区业主委员会与新的物业公司签订的物业服务合同已于2018年1月20日生效，前物业公司之前签订的物业服务合同即终止。

法条链接

《中华人民共和国民法典》

第二百八十二条　建设单位、物业服务企业或者其他管理人等利用业主的共有部分产生的收入，在扣除合理成本之后，属于业主共有。

一楼住户被污水淹，同一单元住户要共赔吗？

李济良／绘

　　某小区1号楼2单元1号房一侧的卫生间下水管道堵塞翻水，污水从二楼住户徐某家溢出，造成徐某家中木地板被浸泡，一楼住户张某家中装修及家具、衣物受损。翻水发生后，该小区物业公司对该单元下水管道进行疏通未果。张某将二楼至六楼住户诉至法院，并申请对其房屋因漏水造成的装修损失及物品损失进行评估。

　　法院分别委托某建设工程项目管理有限公司及某资产评估有限责任公司对房屋装修损失及物品损失进行评估，评估总造价为5647.03元，评估价值为2645元。张某分别支付鉴定费2000元、评估费1000元。

　　法院现场勘查后发现一楼住户张某对房屋进行了扩建，将原卫生间区域变更为客厅，对下水管道进行封闭，将扩建部位用作卫生间，并在新卫生间部位重修了一条下水管道。

　　法院审理后认为，本案中，张某房屋受损为该单元卫生间下水管道堵塞翻水所致，无证据证实堵塞下水道具体原因及相关责任人，应依照共同侵权责任由使用下水道的全体业主承担。但张某擅自改造卫生间下水道，致使污水从二楼溢出，造成损失扩大，张某虽未使用下水道，仍应承担部分责任。法院判决二楼至六楼业主承担60%的主要责任，张某承担40%的次要责任。二楼至六楼业主按照公平原则进行分担，即各承担12%的责任。

法官说法

　　共用水管或排污管属于公共设施，业主应当正确合理使用。同一个单元的住户共同使用同一套排水管道，有义务规范生活行为，防止排水管道堵塞，所有可能使用该排水管道的住户都需承担赔偿责任。由于一楼住户张某对房屋进行扩建，对原下水管道进行封闭，致使污水从二楼溢出，造成损失扩大，张某虽未使用该下水道，但仍应承担部分责任。

法条链接

《中华人民共和国民法典》

　　第二百三十八条　侵害物权，造成权利人损害的，权利人可以依法请求损害赔偿，也可以依法请求承担其他民事责任。

破坏文物需承担哪些责任？

李济良/绘

　　2005年6月20日，某烽火台遗址被县人民政府确定为县级文物保护单位。2011年7月12日，该烽火台遗址被县人民政府划定保护范围及建设控制地带，明确保护范围为烽火台主体四周向外延伸100米，建设控制地带为保护范围向外延伸200米。2014年3月13日，该省人民政府办公厅公布该烽火台遗址为省级文物保护单位。2015年4月25日，县人民政府设立省级文物保护单位的公示牌等保护标志。

2010年，某公司未经县级以上文物行政主管部门踏勘、核准，在烽火台遗址核心保护区内擅自搭建工程设施，造成烽火台历史风貌遭到破坏。虽然之后该公司对相关设施予以拆除，但施工时深挖坑洞，打入地下的水泥基座仍然残留在遗址核心区，尚未清除。烽火台遗址仍处于受侵害状态。

该地检察院向法院提起公益诉讼，请求依法判令该公司停止对文物保护单位的侵害，排除妨碍、消除危险；由该公司在文物部门的指导下修复已侵害的文物保护单位，并承担修复所需的全部费用，直至恢复原状，由文物主管部门出具验收评估意见；翻修界桩说明牌、警示牌、保护栏等基础设施，以示惩戒；对文物保护单位的侵害行为，通过媒体公开道歉。

立案后，法院委托该省文物考古研究所评估鉴定烽火台遗址受损情况。

评估认定，该公司在未经文物部门批准同意的情况下，私自在文物遗址范围内施工，对烽火台本体造成了破坏，烽体内部结构严重受损，且具有不可逆性，给考古科学研究造成极大的干扰和影响。

法院作出判决，被告某公司支付考古发掘保护费13.6万余元，公开向社会公众赔礼道歉，由专业考古研究机构对烽火台遗址核心区进行保护性考古修复。

法官说法

　　文物古迹作为历史的物质遗存，是我国悠久历史文化的见证和重要载体，是维系中华民族团结统一的精神纽带。保护文物古迹是每个单位、个人不可推卸的重要社会责任。每一位公民都要担负起这个责任，与破坏文物古迹的不法分子开展斗争，坚决维护文物古迹不遭破坏。

 法条链接

《中华人民共和国民法典》

第二百五十三条　法律规定属于国家所有的文物，属于国家所有。

第二百三十八条　侵害物权，造成权利人损害的，权利人可以依法请求损害赔偿，也可以依法请求承担其他民事责任。

人格权

微信群中"过嘴瘾"，侵害名誉要担责吗？

刘丰乔/绘

　　小美从事美容医疗行业，与小芳原是朋友关系。2021年春节前，两人闹了些不愉快，之后便不再来往。

　　小美和小芳同在一个有着145人的微信聊天群中。2021年3月1日，有人在微信群里公开邀请小美参加聚会，小美礼貌回应。这时，小芳忽然在群中连续上传《小丑表演》《黑心黑肺》等歌曲链接，进行暗讽。随即，小美也上传《阴暗面》《妒忌》等歌曲链接以表不快。

　　群主发觉不当，调侃不喜欢两人分享的歌曲后，小芳并未收手，继续上传《厚颜无耻》《不与小人斗利》等歌曲链接。小美回怼，小芳针锋相对，发送语音信息对小美进行谩骂，语言颇具侮辱性。

小美认为，群里有其顾客，小芳的诽谤造成顾客误解与流失，让其名誉受损，给其造成严重精神损害及经济损失。

2021年9月，小美将小芳诉至法院，请求判令小芳赔礼道歉，并赔偿其精神损失及经济损失共计2.8万元。

庭审中，小芳对小美主张的经济损失不予认可，并辩称此次争吵双方都有过错，应互相道歉。

法官审理后认为，微信群是群成员之间的公共空间，虽然属于网络虚拟空间，但微信群中的言论受法律约束。本案中，二人起先因沟通不畅等发生争执，但争吵升级后，小芳使用侮辱性语言，影响群中其他成员对小美的客观评价，侵害了小美的名誉权。二人作为完全民事行为能力人，应对自己的言行负责，争吵亦应当在一定尺度内，而非进行人身攻击。

虽然微信群中的争吵在影响范围上有一定的局限性，但还是会产生负面影响。庭审中，经法官释法明理，小芳意识到其行为的不妥，当庭在事发微信群向小美公开道歉。经双方同意，案件以调解方式结案。

在互联网时代，微信作为人们常用的移动社交工具，每个使用者都有义务营造良好的网络语言交流环境，在使用中遵守法律规

定、公序良俗，不能为所欲为、不加节制。若用户利用互联网传播法律禁止的信息，利用信息网络侵害他人合法权益，必然要承担相应法律责任。

 法 条 链 接

《中华人民共和国民法典》

第一千零二十四条　民事主体享有名誉权。任何组织或者个人不得以侮辱、诽谤等方式侵害他人的名誉权。

名誉是对民事主体的品德、声望、才能、信用等的社会评价。

怀疑好友是小偷，老太微信群造谣，怎么办？

刘丰乔/绘

　　刘某与王某均为退休老人，因住在同一小区，又有共同的好友，两人很快成为朋友。某日，两人相约参加旅行团前往外地旅游。其间，王某发现自己兑换的零钱少了50元，怀疑为同住的刘某所偷，但因没有确凿证据，便没有声张，但心里一直存有疑虑。

　　旅游结束回家途中，刘某提出双方共同承担出租车费用。王某联想到此前种种，心中不满，与刘某发生争执。之后，王某在双方共同的微信群中称刘某为小偷，生活作风不检点。

　　"这都是谣言！"刘某将王某诉至法庭。

　　法庭审理后认为，该案中，双方应当理性解决纠纷，然而被告在没有确凿证据的情况下，公开诽谤原告，在一定范围内降低了原

告的社会评价。

　　法院认为，被告王某的行为侵害了原告刘某的名誉权，应当承担相应的侵权责任，遂判令王某向刘某公开赔礼道歉，并赔偿对方精神损害抚慰金1000元。

　　经过法官释法说理，王某认识到自己的错误，在微信群中向刘某道歉，并赔偿1000元精神损害抚慰金。

　　人格尊严作为公民的基本权利，受法律保护。每一位公民在享有民事权利的同时，也应当尊重他人的权利。在日常交往中，要以合法、理性的方式解决问题，尤其是朋友之间，更应该互谅互让、理解包容。

 法 条 链 接

《中华人民共和国民法典》

　　第一千零二十四条　民事主体享有名誉权。任何组织或者个人不得以侮辱、诽谤等方式侵害他人的名誉权。

　　名誉是对民事主体的品德、声望、才能、信用等的社会评价。

争吵中一方突发疾病身亡，
另一方无过错，构成侵权吗？

刘丰乔/绘

2018年的一天，李某在小区遛弯时走进绿化带，保安王某上前制止，双方因言语不和发生激烈争吵，不料，李某突然倒地，周围群众及小区工作人员立即施救，同时拨打了120急救电话。

当日，李某因抢救无效死亡，医院诊断为心源性猝死。李某的亲属以李某的生命权受到侵害为由，将王某及其所在的保安公司、物业公司诉至法院。

法院审理后认为，李某自知患有心脏疾病，当天先后做出不文

明行为并发表不当言论，加上王某与其争吵导致矛盾升级，但二人无肢体接触，王某的行为没有超过必要限度，无直接侵害李某生命的行为。最终，法院驳回李某家属的诉讼请求。

本案中，王某作为小区保安，制止居民进入绿化带系履行职责行为，双方在发生争吵前互不相识，王某无法预见争吵会导致李某死亡的后果，且争吵中也并没有故意激怒对方的言语，可知其没有侵害李某生命权的故意。李某突然倒地是其自身情绪管理失控所致，与王某行为无因果关系。事发后，王某等人通过通知领导、拨打120急救电话、拨打李某家属电话、采取必要急救措施等方式对李某实施了急救，不存在救助过失，故王某对李某的死亡无法律上的过错，属于正常劝阻行为，不应当承担侵权责任。

法条链接

《中华人民共和国民法典》

第九百九十条 人格权是民事主体享有的生命权、身体权、健康权、姓名权、名称权、肖像权、名誉权、荣誉权、隐私权等权利。

第九百九十一条 民事主体的人格权受法律保护，任何组织或者个人不得侵害。

使用他人信用卡造成征信不良记录，
是否侵犯名誉权？

李济良 / 绘

王某和李某是好友。2016年8月至2020年1月底，李某从王某母亲处取得王某的信用卡，使用后未及时还款，造成多次逾期，导致王某的信贷交易中出现违约记录。

2020年1月，王某在办理房贷前，到银行征信中心查询个人信用报告时发现此事。王某认为，因李某的侵权行为，让她在银行征信系统存有不良信用记录，名誉受损，因此请求法院判决李某协助其恢复名誉，消除经济损失，作出经济补偿。

法院审理后认为，李某使用王某的信用卡消费且逾期未还款，

导致王某出现不良征信记录，构成对王某名誉权的侵害。考虑到双方系好友，本着注重感情修复、促进社会和谐的目的，法官对该案进行了调解，双方达成一致，李某向王某赔礼道歉，支付补偿款1万元，并协助王某前往银行删除其不良征信记录。

名誉权是人们依法享有的对自己所获得的客观社会评价、排除他人侵害的权利。任何个人、媒体不得发布捏造虚假信息、刊登诽谤新闻，否则构成侵害名誉权。公民、法人因名誉权受到侵害要求赔偿的，侵权人应当赔偿侵权行为造成的损失。

依据民法典规定，对于侵犯名誉权的可以责令侵权人停止侵害、恢复名誉、消除影响、赔礼道歉、赔偿损失。恢复名誉、消除影响、赔礼道歉可以书面或者口头方式进行，内容须事先经人民法院审查。

 法 条 链 接

《中华人民共和国民法典》

第一千零二十四条 民事主体享有名誉权。任何组织或者个人不得以侮辱、诽谤等方式侵害他人的名誉权。

第一千零二十九条 民事主体可以依法查询自己的信用评价；发现信用评价不当的，有权提出异议并请求采取更正、删除等必要措施。信用评价人应当及时核查，经核查属实的，应当及时采取必要措施。

擅用顾客面部照片做宣传，美容院该赔偿吗？

李济良/绘

　　某美容院负责人李某在未征得巴某同意的情况下，两次在短视频平台使用巴某护理效果对比图为其美容院作宣传。巴某认为李某侵犯其肖像权，遂将其诉至人民法院，要求李某赔偿其精神损失3万元。

　　法院查明，李某所用巴某的照片是巴某做面部护理时的素颜照，眼部用马赛克遮挡。法院认为，巴某所诉的这张照片中，只有面部的眉毛、鼻子和嘴巴的一部分，不是完整的特定人形象，一般人不能直观、清晰地辨认该照片就是巴某本人。这张照片不能反映

特定人巴某相貌的综合特征，不能引起一般人产生与特定人巴某有关的思想或情感活动，根据《中华人民共和国民法典》第一千零一十八条"肖像是通过影像、雕塑、绘画等方式在一定载体上所反映的特定自然人可以被识别的外部形象"的规定，此照片不是法律意义上的肖像。据此，法院驳回了巴某的诉讼请求。

自然人享有肖像权。自媒体平台的博主们在拍摄特定人肖像时，应当主动询问对方，看其是否同意拍摄和发布，若对方拒绝，应停止拍摄，对已发布的图片、视频等内容立即删除，并消除影响。

《中华人民共和国民法典》

第一千零一十九条　任何组织或者个人不得以丑化、污损，或者利用信息技术手段伪造等方式侵害他人的肖像权。未经肖像权人同意，不得制作、使用、公开肖像权人的肖像，但是法律另有规定的除外。

未经肖像权人同意，肖像作品权利人不得以发表、复制、发行、出租、展览等方式使用或者公开肖像权人的肖像。

土火锅"撂倒"人，餐厅要赔偿吗？

一氧化碳

李济良/绘

2019年7月26日，韩某、王某在某餐厅包厢吃土火锅，由于通风不良，燃料燃烧不充分，二人在吃饭时相继倒地。

"刚开始感觉有些闷热，想着吃土火锅热一些是正常的，也没在意，直到韩某晕倒在地，我才意识到不对劲。"王某说起当时的情景，仍然心有余悸。

当日，二人被紧急送往医院抢救，经诊断为一氧化碳中毒。后二人因中毒过重又转至上级医院，诊断为一氧化碳中毒导致神经损坏，需要接受不少于3年的高压氧及药物治疗。

2023年12月27日，韩某、王某以生命权、身体权、健康权受到侵害为由将某餐厅诉至法院，要求某餐厅赔偿二人医疗费及各项损失共计2万元。

2024年1月2日，法院法官组织双方调解。最终，双方达成调解协议，某餐厅向韩某、王某进行了赔偿。

使用碳就会有一氧化碳中毒的风险，餐厅没有保护措施，就算有，但只要是在餐厅中毒的，餐厅就有侵权责任，就应承担赔偿义务，应赔偿医疗费、交通费，以及请假的误工费等。

 法 条 链 接

《中华人民共和国民法典》

第一千零二条　自然人享有生命权。自然人的生命安全和生命尊严受法律保护。任何组织或者个人不得侵害他人的生命权。